Vom Trainer zum agilen Lernbegleiter

Jürgen Sammet
Jacqueline Wolf

Vom Trainer zum agilen Lernbegleiter

So funktioniert Lehren und Lernen in digitalen Zeiten

Mit 35 Abbildungen

Springer

Jürgen Sammet
Kitzingen, Deutschland

Jacqueline Wolf
Kitzingen, Deutschland

ISBN 978-3-662-58509-2 ISBN 978-3-662-58510-8 (eBook)
https://doi.org/10.1007/978-3-662-58510-8

Die Deutsche Nationalbibliothek verzeichnet diese Publikation in der Deutschen Nationalbibliografie; detaillierte bibliografische Daten sind im Internet über http://dnb.d-nb.de abrufbar.

Springer ist ein Imprint der eingetragenen Gesellschaft Springer-Verlag GmbH, DE und ist ein Teil von Springer Nature
Die Anschrift der Gesellschaft ist: Heidelberger Platz 3, 14197 Berlin, Germany

Vorwort

„Is it time to fire trainers, instructors even professors??!?" – so lautete der provokative Titel eines Vortrags, den ich 2014 auf einem Kongress des ATD – der weltweit größten Organisation für Talentmanagement – hörte. Die Referentin Allison Rossett, eine bekannte L&E-Expertin (Expertin für Lernen & Entwicklung) in den USA, gab zwar als Antwort ein beruhigendes „Nein", allerdings versehen mit dem Hinweis, dass in den nächsten fünf Jahren darüber anders gedacht werden könnte. Denn eines ist klar: Der Trainerberuf wird und muss sich ändern.

Nach dem Vortrag unterhielt ich mich auf dem Kongress mit Ben, einem Instructional Designer, der Führungskräfteentwicklungsprogramme für einen Energiekonzern entwirft. Sein Sohn möchte Trainer werden. Ben: „Ich habe ihm abgeraten. Trainer ist ‚old school'. Was ‚new school' ist, weiß ich allerdings auch nicht".

Diese Bemerkung hat mich seitdem nicht mehr losgelassen: Was ist „new school"? Wie sieht eine moderne Version des Trainers[1] aus? Und was heißt eigentlich „modern"? Warum ändert sich der Trainerberuf, es hat doch in den letzten 20 Jahren gut „geklappt"?

Die Antwort liegt auf der Hand: Der Trainerberuf ist, ebenso wie das Lernen in Organisationen allgemein, nachhaltig von der Digitalisierung betroffen. Mit großem Weitblick formulierte Herbert Keller bereits vor mehr als 10 Jahren: „Wer heute noch nicht den Anschluss an das digitale Zeitalter gefunden hat, wird bald die Konsequenzen spüren. In der Welt des Trainings spricht man schon länger von ‚High Tech' und ‚High Touch'[2]. Nur wer mit der technologischen Revolution Schritt halten kann und außerdem noch ein hervorragender Kommunikator und Performance-Profi ist, wird überleben" (Keller 2005, S. 150).

Die von Keller formulierten Anforderungen sind hoch. Und doch soll mit diesem Buch ein Umriss gezeichnet werden, wie ein „New-school-Trainer" aussehen kann. Unsere These: Der Trainer wird sich hin zum „agilen Lernbegleiter" verändern. Zugegeben, „Lernbegleiter" klingt nicht besonders „new". Aber die deutsche Sprache bietet keinen adäquaten Ausdruck, der die neue Rolle präziser beschreiben könnte. Im Englischen dagegen verbreitet sich immer mehr die Bezeichnung „Learning Professional". Wie man es auch bezeichnen möchte: Mit diesem Buch soll eine Antwort auf die Frage gegeben werden, wie eine digitale Transformation des Trainers aussehen kann. Die Wandlung des Trainers zum (agilen) Lernbegleiter ist freilich nur ein Symptom für grundlegende Veränderungen im Bereich der Weiterbildung und des organisationalen Lernens: „New Work" erfordert „New Learning"! Deswegen soll es im Folgenden

1 Selbstverständlich könnte hier statt Trainer auch Dozent, Weiterbildner oder Personalentwickler sowie jeweils deren feminine Form stehen. Zur Komplexitätsreduktion wird hierauf verzichtet.

2 Bei der Gegenüberstellung der beiden Begriffe geht es um die Bedeutung der Interaktion mit Menschen („High Touch") im Gegensatz zur Interaktion mit Technik („High Tech").

auch um die grundsätzliche Frage gehen, wie Lernangebote im Zeitalter der Digitalisierung gestaltet werden können. Jenseits aller „Buzz-Wörter" sind wir der Überzeugung, dass solche Lernangebote über weite Strecken „agil" gestaltet sein müssen. Die neue Arbeitswelt schafft (Lern-)Herausforderungen, die sich oft nicht mit althergebrachten Strategien lösen lassen. Gefordert sind zeitnahe und individuelle Angebote, die möglichst schnell den Lernbedarf decken können. Auch sind manche Herausforderungen so neuartig, dass noch niemand eine „Lösung" dafür weiß. Es gibt schlicht und ergreifend bislang keinen „Experten", der die Lösung bereits weiß und sie anderen beibringen kann. „Agilität" bezieht sich also nicht nur auf Lernformate und Methoden, sondern auch auf die Inhalte. Beides wollen wir mit der Bezeichnung „agiler Lernbegleiter" zum Ausdruck bringen.

Die hier vorgestellten Modelle und Konzepte beziehen sich einerseits auf wissenschaftliche Grundlagen. Andererseits beruhen sie auf unseren – zusammengezählt – 25 Jahren Erfahrung in der Weiterbildungsarbeit mit multinationalen Großkonzernen, Mittelstand, KMUs und vielen weiteren Organisationen aus Gesundheitswesen, Verwaltung und Non-Profit-Bereichen. Insofern haben sie sich in der Praxis bereits vielfach bewährt. Dennoch soll das Buch nicht als „Rezeptbuch" verstanden werden, denn Rezepte gibt es im Bereich des Lernens nicht. Lehren und Lernen bleibt „wirkungsunsicher" (Luhmann 1987, S. 61), Empfehlungen darf man aber aussprechen.

Wir werden zeigen, dass die digitalen Veränderungen beides beinhalten: enorme Chancen, aber auch nicht zu unterschätzende Risiken. Deswegen sollen mit dem Buch Trainern eine Orientierung und Handreichung gegeben werden, wie mit den Veränderungen im Bereich des Lernens umgegangen werden kann. Um den Fokus dieses Buches nicht aus den Augen zu verlieren, haben wir einige Aspekte des Themas nicht tiefer behandelt. Dies kann an anderer Stelle erfolgen. So sind selbstverständlich Trainer nicht die einzigen, die von den Veränderungen betroffen sind. Für Personalabteilungen sowie die Personal- und Organisationsentwicklung finden sich weitere spezifische Herausforderungen. Auf diese übergeordnete Perspektive kann jedoch im vorliegenden Rahmen nur am Rand eingegangen werden. Ebenso ist das vorliegende Buch keine Methodensammlung, daher wird in den jeweiligen Kapiteln auf konkrete Handreichungen und weiterführende Quellen beschränkt.

Jürgen Sammet
Jacqueline Wolf

Literatur

1. Kellner, H. J. (2005). *Was Trainer können sollten : Das neue Kompetenzprofil des modernen Trainers.* Offenbach: GABAL-Verlag.
2. Luhmann, N (1987). Strukturelle Defizite. Bemerkungen zur systemtheoretischen Analyse des Erziehungssystems. In J. Oelkers & H.-E. Tenorth (Hrsg.), *Pädagogik, Erziehungswissenschaft und Systemtheorie* (S. 57–75). Weinheim und Basel: Beltz.

Inhaltsverzeichnis

Die „Learning Revolution“

J. Sammet, J. Wolf, *Vom Trainer zum agilen Lernbegleiter*,
https://doi.org/10.1007/978-3-662-58510-8_1

1

Trailer

Trailer

Im August 2017 war auf Spiegel Online zu lesen: „Amazon, Apple, Google, Facebook und Microsoft sind die fünf wertvollsten Unternehmen der Welt.“ Zum Vergleich: 2007 schafften es noch vier Unternehmen aus der Öl- und Energiebranche in die Top 5, nur Microsoft war damals schon dabei (Spiegel 2017). Im selben Monat verkündete der Personalvorstand eines deutschen Konzerns, dass der Anteil an Präsenztrainings in der Weiterbildung bis 2019 um 80 % gesenkt werden soll. Die damit verbundenen Einsparungen – insbesondere die Reisekosten – sollen in digitale Lernmöglichkeiten investiert werden.
Wenn wir bei unseren Vorträgen vor Trainerkollegen fragen, welchen Zusammenhang sie zwischen diesen beiden Meldungen sehen, erhalten wir noch immer häufig die gleichen beschwichtigenden Antworten mit der Kernaussage: „Auf unser Geschäft trifft das so nicht zu.“ Das erinnert ein wenig an die berühmte „Vogel-Strauß-Taktik“: Disruption betrifft immer nur die anderen!

Die Digitalisierung ist eines der, wenn nicht sogar das bestimmende Thema der Gegenwart. Über die oftmals dramatischen Auswirkungen der Digitalisierung ist täglich Neues zu lesen: Es gibt so gut wie keine Branche, keinen Berufszweig oder Geschäftsmodell, das nicht davon berührt ist. Zugegeben, häufig vermischen sich hier Buzz-Wörter mit seriöser Reflexion. Unbestritten ist aber, dass fast alle Bereiche der Gesellschaft und Wirtschaft davon betroffen sind. Gerne wird in diesem Zusammenhang von „Revolution“ gesprochen (vgl. etwa Schwab 2016). Der Philosoph Luciano Floridi stellt sogar die These auf, dass die Digitalisierung unser gesamtes menschliches Selbstverständnis verwandeln wird: Leben wird zum „onlife“. „The digital-online world is spilling over into the analogue-offline world and merging with it“ (Floridi 2014, S. 43).

Es kann hier nicht darum gehen, die unterschiedlichen Phänomene, Strukturen und Herausforderungen „der“ Digitalisierung auch nur annähernd zu beschreiben (einen Überblick geben Brynjolfsson und McAfee 2014; Schwab 2016; Precht 2018). Vielmehr soll es ganz konkret um die Auswirkungen auf Training und Lernen gehen. Oft ist in diesem Zusammenhang von der „Learning Revolution“ die Rede (vgl. Cobb 2013; Quinn 2014, Dräger und Müller-Eiselt 2015). Die Learning Revolution (◘ Abb. 1.1) zeichnet sich durch zwei Aspekte aus: Das „Performance-Problem“ und die Ausweitung der „Lernformate“, die in den nächsten Kapiteln näher erläutert werden.

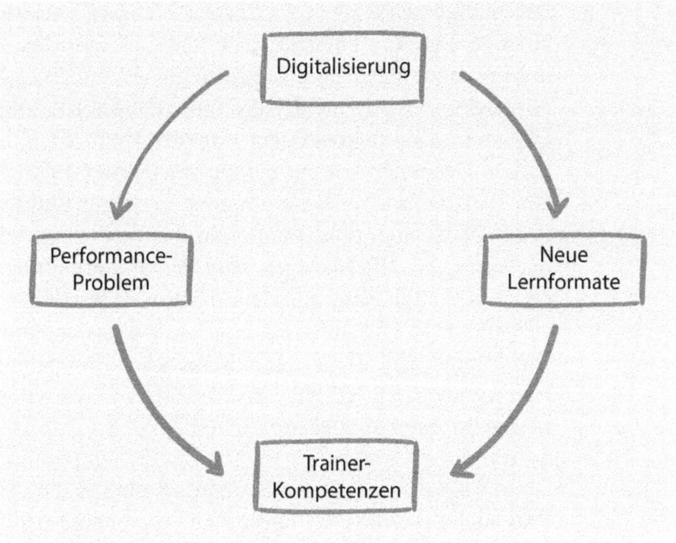

Abb. 1.1 Was ist die Learning Revolution?

1.1 Das Performance-Problem

Die durch die Digitalisierung ausgelösten Dynamiken und Veränderungen lassen Lernen immer wichtiger werden. Denn Lernen ist in erster Linie die Anpassung von Menschen und Organisationen an ihre Umwelt. In Zeiten, in denen diese Umwelt relativ stabil bleibt, gibt es weniger zu lernen. In Zeiten, in denen diese Umwelt großen Veränderungen unterliegt, gibt es viel zu lernen. Die Herausforderungen, die sich aus der Digitalisierung für Organisationen ergeben, werden oft als „VUCA" zusammengefasst: Volatil (volatility), ungewiss (uncertainty), komplex (complexity) und mehrdeutig (ambiguity). Der allgegenwärtige Ruf nach „Agilität" ist genährt von dem Wunsch, diese Herausforderungen besser bewältigen zu können. Dabei läuft der Begriff „Agilität" gerade Gefahr, ebenfalls zum nichtssagenden Buzz-Wort zu verkommen, unter dem sich allerlei subsumieren lässt. „Agil" in seiner ursprünglichen Bedeutung hat aber immer etwas mit „Anpassungsfähigkeit" zu tun.

Insofern ist „Lernen" wesentlicher Bestanteil allen agilen Vorgehens. Sowohl der einzelne Mitarbeiter als auch die Unternehmen selbst sind mehr denn je darauf angewiesen, ihr Wissen und ihre Kompetenzen ständig zu aktualisieren. Lernen spielt heutzutage eine entscheidende Rolle, um die Wettbewerbsfähigkeit nicht nur zu sichern, sondern auch zukünftig zu erhalten. Zahlreiche Studien bestätigen diese Einschätzung: „Lebenslanges Lernen wird zunehmend zum elementaren Wettbewerbsfaktor für Unternehmen und zum Schlüssel der individuellen

Beschäftigungsfähigkeit von Erwerbstätigen" (Vodafone Stiftung 2016, S. 15). Im Forschungsbericht des Instituts für Arbeitsmarkt- und Berufsforschung heißt es zudem: „Vor diesem Hintergrund wird eine der größten Herausforderungen sein, das Wissen und Können auf dem aktuellen technologischen Stand zu halten. Deswegen kommt gerade der (Weiter-)Bildung zukünftig eine ganz besondere Bedeutung zu" (Dengler und Matthes 2015, S. 22). Nach einer Studie von TNS Infratest prognostizieren 74 % der befragten HR-Manager, dass der Weiterbildungsbedarf aufgrund der Digitalisierung der Arbeitswelt stark bis äußerst stark steigen wird (TNS Infratest 2017, S. 5.). In der Studie von 2016 wurde auch die Frage nach Mitarbeiter-Kompetenzen gestellt: Hier rangiert mit 62 % „Lernbereitschaft" als wichtigste Kompetenz in einer digitalisierten Arbeitswelt (TNS Infratest 2016, S. 10.).

Mit dieser veränderten Bedeutung von Lernen verändern sich aber auch die Anforderungen, die Lernen heute erfüllen muss. So rücken Lernen und Arbeiten immer enger zusammen. Lernen ist nicht mehr abgekoppelt von der übrigen Arbeitspraxis, sondern **Lernen wird zum bedeutsamen Teil der Arbeit** selbst: Lernen muss sich an der tatsächlichen „Performance" ausrichten.

Beispiel

„Alte Welt und neue Welt"

In ihrem Mitarbeitergespräch hat Petra mit ihrer Führungskraft vereinbart, dass sie einmal etwas „zu Konflikten machen soll". Aus dem Weiterbildungskatalog sucht sich Petra ein entsprechendes dreitägiges Präsenztraining aus, das in vier Monaten stattfinden wird. Der Trainer, Peter, ist sehr erfahren, arbeitet er doch das Thema „Konflikte" in seinen Seminaren schon seit vielen Jahren auf. Deswegen bereitet er sich kaum noch auf seine Trainings vor, da er ja weiß, welche Fragen kommen werden.

Lars steht vor einer Herausforderung: In einer Woche findet die erste Feedbackrunde seines neu gegründeten „Innovationsteams" statt. Als Teamleader hat er die Aufgabe, diese Runde zu moderieren. So genau weiß er allerdings gar nicht, wie man gutes Feedback gibt. Deswegen freut er sich, als er im Netz auf einen Online-Kurs zum Thema Feedback stößt. Er beginnt sofort mit der Bearbeitung und kann sich so gut auf seine Aufgabe vorbereiten.

Das erste Beispiel zeigt die alte Welt. Die Erreichung des vereinbarten Ziels ist nicht dringend, da es kein konkretes, in der Praxis bevorstehendes Problem gibt und kann durch den Besuch eines Präsenztrainings im Laufe des Jahres angegangen werden. Im zweiten Beispiel, das für die neue Welt steht, verspricht nur kurzfristiges Lernen die Lösung eines konkreten Praxis-Problems.

Die Beispiele sollen verdeutlichen, dass sich die Anforderungen an betriebliches Lernen heute radikal verändern. Lernen wird immer mehr zum „Performance Support" und dient primär der Lösung von Problemen, statt der Anhäufung von Wissen. Wir sprechen hier auch gerne vom **Lernen und Anwenden** im Gegensatz zum **Lernen und Abspeichern.** Denn der eigentliche Sinn betrieblichen Lernens besteht darin, dass Mitarbeiter ihren „Job" gut bzw. besser machen und sich an veränderte Bedingungen anpassen können. Unter den Bedingungen der digitalen Transformation muss Lernen immer mehr dem Primat der Performance, des „Anwendens" folgen. Angebote, die eher dem Primat des „Abspeicherns" folgen, werden über kurz oder lang obsolet werden.

Beispiel

Beispiel

Typisches Beispiel für „Lernen und Abspeichern" sind die „Onboarding"-Trainings vieler Unternehmen. Hier wird neuen Mitarbeitern in mehrtägigen Veranstaltungen eine Unmenge an Informationen präsentiert, die nicht nur die Aufnahmekapazität der Teilnehmer bei Weitem überschreitet – die Informationen (z. B. „Wie beantrage ich Mutterschutz?") haben zudem oft wenig bis nichts mit der aktuellen Praxis der Mitarbeiter zu tun. Ob der Mitarbeiter sich Monate später an die Informationen erinnern kann oder sie überhaupt jemals relevant werden, darf wohl infrage gestellt werden. Ähnlich verhält es sich mit vielen Führungskräfteentwicklungsprogrammen oder Verkäuferschulungen, denn die eigentliche Anwendung des Gelernten erfolgt – wenn überhaupt – oftmals erst Monate später.

Vielleicht mag sich jetzt der ein oder andere Leser fragen: „Aber es ist doch selbstverständlich, dass Lernen dazu da ist, die Sachen auch wirklich anzuwenden und umzusetzen." Ja, das ist es – einerseits. Andererseits kommt es leider nicht allzu selten vor, dass in Organisationen Lernangebote – insbesondere Schulungen – nach dem **„Gießkannenprinzip"** organisiert werden. So werden etwa Mitarbeiter, die „irgendwie" mit dem Thema zu tun haben, in Schulungen geschickt, unabhängig davon, was sie tatsächlich für ihre Praxis benötigen. Häufig folgen solche Angebote dann auch dem **„Prinzip des Nürnberger Trichters"**, indem versucht wird, möglichst viel in möglichst kurzer Zeit zu vermitteln. Die Konsequenz ist, dass nicht einmal mehr ein „Abspeichern" möglich ist, da die Angebote inhaltlich hoffnungslos überladen sind. Organisation und Gestaltung von solchen Lernangeboten folgen dabei eher einer fachlichen, regulatorischen und/oder betriebswirtschaftlichen Logik. Lerntheoretische Gesichtspunkte spielen oft nur eine untergeordnete Rolle. Auch die Frage nach der tatsächlichen Praxisrelevanz der vermittelten Inhalte kommt häufig zu kurz. Dies führt zu hohen Kosten, unzufriedenen Teilnehmern und einer geringen Nachhaltigkeit.

Unter den Aspekten der „Learning Revolution" geraten solche Angebote zunehmend unter Druck und werden immer mehr

1

als Zeit- und Geldverschwendung angesehen. Lernangebote haben sich „verselbstständigt" und müssen wieder auf ihren eigentlichen Zweck zurückgeführt werden: **die Performance zu verbessern.** Allison Rossett drückt dies so aus: „The most compelling complaint I hear about L&D people is that we aren't realistic enough, aren't sufficiently practical about what is top of mind in the field. Clustering in headquarters does not lend itself to focus on the field and on the work, workers, and workplace" (Rosett 2014, S. 140).

Betriebliches Lernen hat folglich ein „Performance-Problem". Zwar begleitet die Diskussion um den Return on Investment (ROI) die Weiterbildung von Anfang an. Schon 1959 formulierte Kirkpatrick sein berühmtes 4-Stufen-Modell zur Evaluation von Trainingsprogrammen (vgl. Kirkpatrick und Kirkpatrick 2016). In einer Metaanalyse stellte Robert Terry ernüchternd fest, dass die Transferquote bei Trainings nur bei 5 bis 20 % liegt (vgl. Terry 2011). Und als Axel Koch – damals noch unter dem Pseudonym Richard Gris – sein Buch „Die Weiterbildungslüge" veröffentlichte, war der Aufschrei in der Trainerszene groß (vgl. Gris 2008). Heute würden die Reaktionen sicherlich anders ausfallen. Denn unter den Bedingungen des digitalen Wandels und den damit einhergehenden gehobenen Ansprüchen an betriebliches Lernen wird die Frage nach dem tatsächlichen Nutzen nicht nur wesentlich breiter diskutiert. Sie bekommt auch eine völlig neue Brisanz. „Trainers continue to want to educate rather than help raise business performance. HR still buys training, not business improvement. The training industry is almost the only one still being paid for inputs rather than outputs" (Terry 2009).

Fazit

Grundlegende Anforderung an das Lernen zur Lösung des Performanceproblems

Was soll gelernt werden?
Lernen muss arbeitsplatznah sein. Es muss sich direkt auf Herausforderungen des Businessalltags und der Geschäftsstrategie beziehen: Lernen und anwenden, statt Lernen auf Vorrat.

Wie soll gelernt werden?
Lernen muss flexibel (agil) sein: Um eine tatsächliche (Lern-) Lösung für die Herausforderung im Business sein zu können, braucht es verschiedene Formate, die zeitnahes, ortsunabhängiges, individuelles und kollaboratives Lernen ermöglichen. Das klassische Präsenztraining alleine reicht schon lange nicht mehr aus.

1.2 Lernen wird vielfältiger: Lernformate

Die digitale Transformation verändert nicht nur die Anforderungen an betriebliches Lernen, sondern auch die Art des Lernens selbst. Nach einer Studie des mmb Instituts wird der Anteil an digitalen Lernmitteln bis zum Jahr 2025 in der Weiterbildung bei 63,4 % liegen (mmb Institut 2017, S. 8). Wir erleben gerade das Ende einer erstaunlichen Erfolgsgeschichte, denn seit der Etablierung des Schulunterrichts vor ca. 500 Jahren hat sich die Art und Weise wie wir lernen kaum verändert. Menschen versammeln sich in einem Raum, wo ein Lehrer die Lernenden unterrichtet. Zum Nachschlagen und Vertiefen gibt es Bücher. Im Laufe der Zeit wurde aus viel zu engen Klassenzimmern das Seminarhotel, aus dem unterbezahlten Lehrer ein erfolgreicher Trainer, aus der Kreidetafel das Flipchart und aus Schulbüchern gestaltete Teilnehmerunterlagen. Ob Dorfschule oder Seminarhotel, die grundlegende Organisation des Lernens ist über einen langen Zeitraum gleich geblieben. Essenziell für die Ausbildung dieser Form des Lernens war – und ist heute auch – eine neue Technologie. Denn erst mit der Erfindung des Buchdrucks wurde diese Form des Präsenzlernens überhaupt möglich. (Das wird in der manchmal hitzig geführten Diskussion über „Digitale Bildung" übersehen: Was heute gerne als „gegeben" verteidigt wird, war selbst einmal neu und revolutionär; Exkurs: Lernformate – damals).

Lernformate – damals

Als der Autor dieses Buches 1996 seine Trainerausbildung absolvierte, gab es Präsenztrainings mit Flipchart, Pinnwand, Moderationskarten und Overheadprojektoren. Die größten Innovationen in den ersten 15 Jahren waren die Einführung des Beamers und die Etablierung von „Coaching" als einem eigenständigen Format. Als Transfermethode war „Der Brief an mich selbst" üblich und im Vorfeld gab es bestenfalls einen „Infobrief" oder Selbststudienmaterialien für die Teilnehmer.

Die heutigen technischen Möglichkeiten lassen nahezu explosionsartig immer neue Lernformate entstehen. Um hier nicht den Überblick zu verlieren, bieten sich folgende Unterscheidungen der **Lernprinzipien** an.

1.2.1 Lernprinzipien: formal oder informell – geleitet oder selbstgesteuert

Die Unterscheidung zwischen formalem und informellem Lernen gehört zu den absoluten „hot topics" der gegenwärtigen Diskussion um organisationales Lernen. Spätestens seit der

1

Popularisierung des „70-20-10"-Modells (Box: Das 70-20-10 Modell) wird informelles Lernen oft als der Schlüssel zum Aufbau einer echten neuen Lernkultur beschrieben. Die Möglichkeiten und Grenzen informellen Lernens werden später ausführlich betrachtet. Zunächst geht es darum zu klären, was mit den Begriffen gemeint ist. Das ist durchaus nicht trivial, denn es gibt eine andere populäre Unterscheidung, die manchmal mit der Unterscheidung formal/informell vermischt wird: Die Unterscheidung von „selbstgesteuertem" und „fremdgesteuertem" oder – etwas demokratischer formuliert – „geleitetem" Lernen.

Das 70-20-10 Modell

„70-20-10" – seit einigen Jahren kursieren diese Zahlen wie eine Art „Zauberformel" für das Lernen in Organisationen durch die HR-Landschaft. Üblicherweise werden die Zahlen so erklärt: 70 % des Lernens erfolgt durch Erfahrung on the job, 20 % durch den Austausch mit anderen und 10 % des Lernens passiert in klassischen, formalen Lernsituationen wie Trainings oder Web Based Trainings (vgl. Arets et al. 2016, S. 34). Das Modell wurde bereits 1996 von Bob Eichinger und Michael M. Lombardo veröffentlicht und in der Folge insbesondere von Charles Jennings populär gemacht (vgl. Wick 2016). Heute ist „70-20-10" in vielen Organisationen weltweit als Rahmen-Modell für Lernen und Entwicklung verbreitet. Mit 70-20-10 wurde eine griffige Formel gefunden, die den Blick auch auf andere Formen des Lernens jenseits klassischer Trainings gelenkt hat. Insbesondere die große Bedeutung des informellen Lernens wurde durch das Model nachdrücklich ins Bewusstsein gehoben. Kritisch wird es immer dann, wenn das Model zum Dogma erhoben wird und insbesondere als Argument für die Reduktion von formalen Lernsettings herhalten muss. Denn betrachtet man das Modell genauer, stellt man schnell fest, dass 70-20-10 doch nicht so eingängig ist, wie es auf den ersten Blick erscheinen mag:

- Die Untersuchung beruht auf der Selbsteinschätzung von 191 Managern. Aufgrund dieser sehr schmalen Datenbasis generelle Schlussfolgerungen über das Lernen in Organisationen zu ziehen, ist zu mindestens gewagt.
- Unklar ist auch, was die Zahlen genau aussagen sollen: Zeit? Wirkung? Neues Wissen? Entsprechend schwammig sind die Formulierungen, die zur Beschreibung des Modells eingesetzt werden.
- Das Modell erhebt den Anspruch zu beschreiben, wie Lernen in Organisationen stattfindet. Die viel spannendere Frage ist aber, ob eine solche Praxis auch wünschenswert ist. Denn mit 70-20-10 ist ja nicht ausgesagt, dass 70-20-10 auch zu den besten Lernerfolgen führt. Vielleicht würden ja durch mehr formales Lernen noch bessere Ergebnisse erzielt? Man nennt das einen „naturalistischen Fehlschluss": Von einem „Sein" kann nicht auf ein „Sollen" geschlossen werden: Dass Currywurst mit Pommes das beliebteste Kantinengericht der Deutschen ist, heißt nicht, dass es auch das gesündeste oder der Arbeit am meisten zuträgliche Essen ist.
- Die Studie beruht auf der Selbsteinschätzung erfolgreicher Manager. Das einem solchen Personenkreis eine recht hohe Selbstlernkompetenz zugeschrieben werden kann, liegt nahe. Dass das jedoch nicht unbedingt die Realität in Organisationen widerspiegelt, zeigt eine Studie der Vodafone-Stiftung. Danach sind nur 18 % der Mitarbeiter in der Lage, ihren Lernprozess selbst zu planen (Vodafone Stiftung (2016, S. 7). Der Bildungsforscher Axel Koch plädiert dafür, das 70-20-10 Modell

durch ein „20-30-30-20" Modell zu ersetzen, das den jeweiligen Stand der Selbstlernkompetenz berücksichtigt. Demnach sind etwa 20 % der Lerner „lernagil". Bei 30 % geht es um „Feintuning", weitere 30 % brauchen intensive Begleitung und bei 20 % kommt man nur mit „Millimeterarbeit" weiter (Koch 2015).

Noch einmal: Der unbestreitbare große Wert des Modells liegt darin, dass mit einer griffigen Formel der Blick auf andere Formen des Lernens gelenkt und popularisiert wurde. Vor einem allzu dogmatischen Gebrauch sei allerdings ausdrücklich gewarnt!

Die Unterscheidung **„formales bzw. informelles Lernen"** bezieht sich auf die Frage der **Verantwortung** für Lernziele und -inhalte. Jay Croos formuliert dies folgendermaßen: „Informal learning is guided by the learner. There is no curriculum. Rather, the learning is pull. The learner is in charge. Formal learning is the opposite. The curriculum is often accompanied by an instructor, a schedule, and an ending assesment. Formal learning is push. Someone other than the learner is calling the shot" (Croos 2014, S. 408).

Die Unterscheidung **„selbstgesteuertes/geleitetes Lernen"** dagegen bezieht sich auf die Frage nach der **Organisation** des Lernens und die **Lernaktivität** selbst. Kann der Lerner z. B. in seinem eigenen Rhythmus (Zeit und Ort) vorgehen (selbstgesteuert) oder folgt er einem (z. B. durch den Trainer) vorgegeben Rhythmus (geleitet)? Bringt man beide Prinzipien in einem Diagramm zusammen, ergeben sich die in ◘ Abb. 1.2 dargestellten vier Quadranten.

Dass die Prinzipien keine neue Entdeckung sind, lässt sich gut anhand des Schulunterrichts verdeutlichen. Formal/geleitet ist der Unterricht im Klassenzimmer. Formal/selbstgesteuert sind die Hausaufgaben, die die Schüler mithilfe von Schulbüchern erledigen. Informell/selbstgesteuert ist die Unterhaltung über den Unterrichtsstoff mit Klassenkameraden auf dem Nachhauseweg. Und formell/gesteuert ist die Nachhilfe durch den größeren Bruder. Entsprechend lassen sich auch in der betrieblichen Weiterbildung „klassische" Lernformate den Quadranten zuordnen (◘ Abb. 1.3).

Diese Unterscheidung der Lernprinzipien dient in erster Linie dazu, einen strukturierten Überblick über die verschiedenen Lernformate zu generieren. Die konkrete Ausgestaltung ist natürlich weitaus differenzierter. Denn bei den Prinzipien handelt es sich nicht um absolute Pole, sondern um „Kontinuen" (vgl. Konrad 2014, S. 38). Was damit gemeint ist, lässt sich gut am Beispiel des Präsenztrainings verdeutlichen: Das klassische Präsenztraining ist zunächst formal und fremdgesteuert: Der Trainer gibt Lernziele und -inhalte vor und legt Ablauf und Methoden fest. Allerdings enthält jedes (gut gemachte) Präsenztraining immer auch selbstgesteuerte und informelle Phasen. Diese können bewusst intendiert sein, etwa

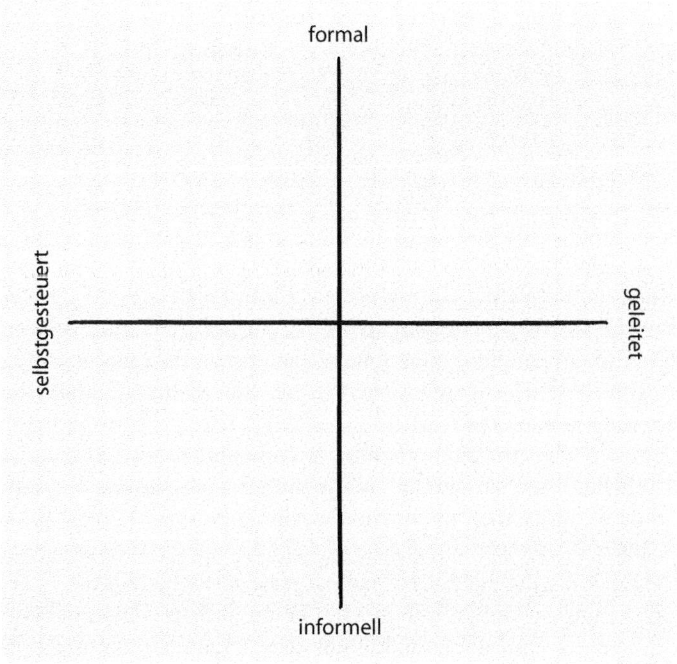

Abb. 1.2 Vier Quadranten des Lernens

wenn die Teilnehmer selbst entscheiden können, welche Aufgaben und Übungen sie mit welcher Intensität bearbeiten wollen oder wie sie vorhandene Freiräume nutzen. Manchmal kommt es aber auch vor, dass Phänomene selbstgesteuerten und informellen Lernens von allzu „strengen" Trainern fälschlicherweise als Ausdruck von „Disziplinlosigkeit" gewertet werden. Dies ist etwa der Fall, wenn die Teilnehmer in Gruppenarbeiten von der vom Trainer gestellten Aufgabenstellung abweichen. Lerner müssen sich auch in formalen und geleiteten Formaten als „autonom" erleben dürfen. Andernfalls droht, dass sie sich durch allzu strenge Vorgaben „gegängelt" und sich nicht als Erwachsene auf Augenhöhe akzeptiert fühlen. Nimmt man Abschied von der mechanistischen Vorstellung von Lernen nach dem Prinzip des Nürnberger Trichters, „so wird klar, dass jedes Lernen im engeren Sinne selbstgesteuert ist" (Konrad 2014, S. 39).

Zum Präsenztraining als bisheriges klassisches formales und geleitetes Lernformat treten durch die Learning Revolution zahlreiche weitere Lernformate hinzu. Zur Komplexitätsreduktion sollen zunächst die drei neuen Grundformen (Abb. 1.4) näher erläutert werden.

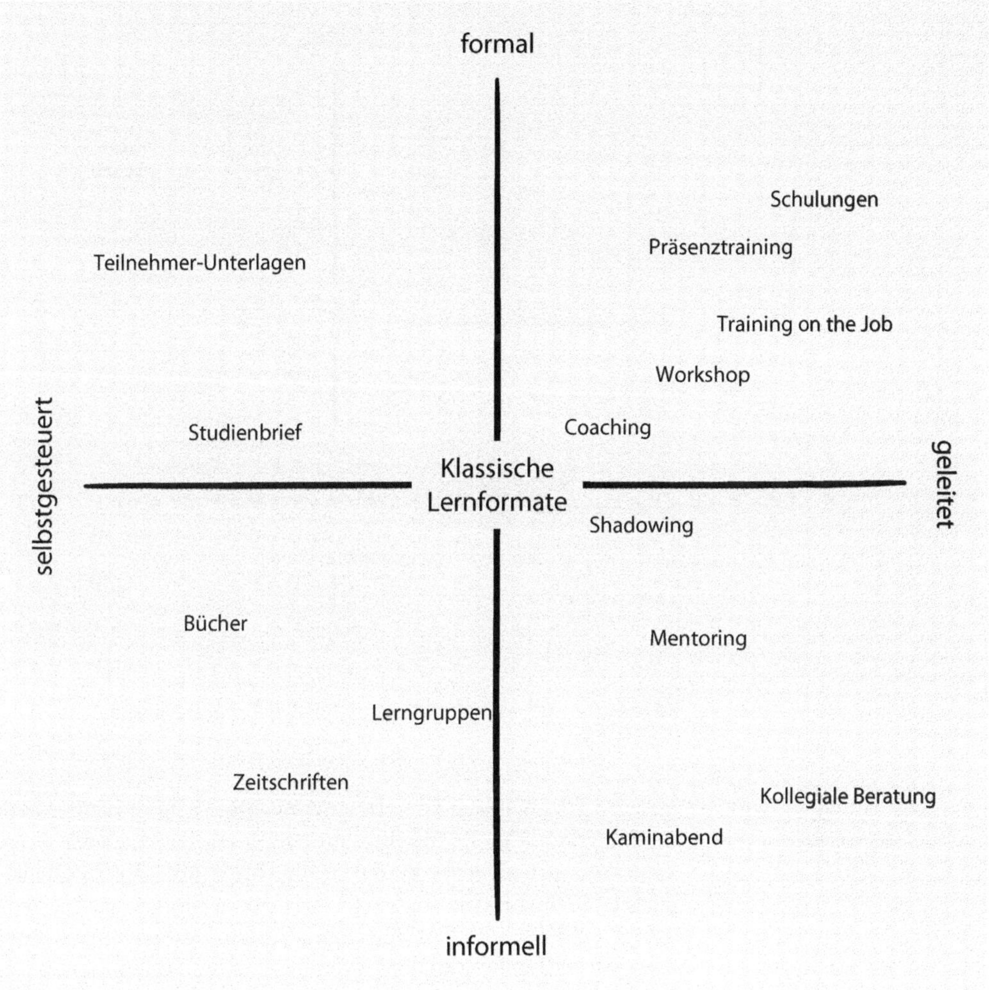

Abb. 1.3 Vier Quadranten des Lernens mit klassischen Lernformaten

▪ Online-Trainings: formal und geleitet

Online-Trainings werden per Videokonferenztechnologie live und mit verteilten Teams durchgeführt und ersetzen damit viele Funktionen geleiteter formaler Präsenzformate. Jeff Cobb beschreibt die Auswirkungen so: „We are at a point at which nearly anyone with a decent computer, a high-speed Internet connection, and expertise or access to expertise in a topic or skill set can reach a global audience in very sophisticated ways" (Cobb 2013, S. 1).

Durch die Online-Technologie lassen sich einerseits neue Märkte und Zielgruppen leichter erschließen, andererseits wird dadurch auch die Konkurrenz größer. In einem Artikel in der „New York Times" gibt Tom Friedmann dafür ein berühmt

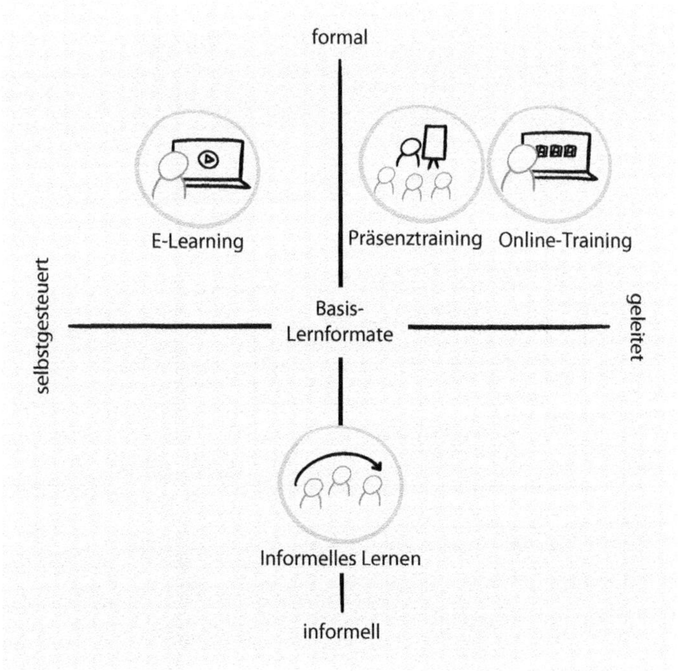

Abb. 1.4 Grundformen der Lernformate und ihre Stellung im Quadranten

gewordenes Beispiel: Die Harvard Business School bietet keine Einstiegskurse mehr für ihre Studenten an, da es an der Brigham Young University einen Online-Kurs gibt, der so gut ist, dass er auch von den Studenten in Harvard genutzt wird. Friedmann schließt mit den epischen Worten: „When outstanding becomes so easily available, average is over" (Friedman 2013). Dies nennt sich „distributive" Innovation. Es gibt Schätzungen, wonach in 50 Jahren die Hälfte der 4500 Universitäten und Colleges in den USA geschlossen sein werden, während Harvard dank virtueller Klassenräume weltweit 10 Mio. Studenten haben wird (vgl. Harden 2012).

Diese Beispiele beziehen sich zwar auf die amerikanische Universitätslandschaft, zeigen aber eindrucksvoll, in welchen Dimensionen sich Online-Lernen entwickeln kann. Festzuhalten bleibt, dass sich durch den Wegfall aufwendiger Reise- und Präsenzzeiten viele formale, geleitete Lernangebote wesentlich einfacher realisieren lassen.

▪ E-Learning: formal und selbstgesteuert

„E-Learning" wird hier als Sammelbegriff für sämtliche Formen didaktisch aufbereiteter, digitaler Lernmedien verstanden, mit denen sich Lerner selbstgesteuert Inhalte aneignen können.

Von einem anfänglichen Nischenprodukt hat sich „E-Learning" zu einem gigantischen Markt entwickelt. Nach einer Prognose von Ambient Insight bzw. statista wird sich der E-Learning-Umsatz weltweit im Jahr 2018 auf rund 43,84 Mrd. US-Dollar belaufen (Statista 2018). War bis vor ein paar Jahren „E-Learning" nahezu gleichbedeutend mit „WBTs" (Web Based Trainings), so haben sich heute zahlreiche weitere Lernformate etabliert. Vor allem Lernvideos, Micro-Learning und Mobile-Learning (Apps) gewinnen immer mehr an Bedeutung, während die Blütezeit „klassischer" WBTs vorüber zu sein scheint (vgl. mmb Institut 2017). Die Produktion von WBTs ist in der Regel sehr aufwendig und macht ihren Einsatz oft unflexibel. „Kleinere" Formate wie Lernvideos („Learning Nuggets") dagegen lassen sich mit weitaus geringerem Aufwand erstellen und stehen dem Lerner folglich wesentlich schneller und einfacher zur Verfügung. Damit werden sie den Anforderungen eines arbeitsplatznahen und performanceorientierten Lernens besser gerecht.

▪ Informelles Lernen: selbstgesteuert oder geleitet

Unter „informellem Lernen" werden hier sämtliche informellen sowohl selbstgesteuerten als auch geleiteten Lernaktivitäten verstanden. Für manche Autoren sind die Auswirkungen, die sich in diesem Bereich ergeben, noch gravierender, als die in allen anderen Bereichen. Informelles Lernen gilt vielen als „die Lösung" für organisationales Lernen schlechthin. Spätestens seit der Popularisierung des 70-20-10-Modells stellt sich die Frage, wie sich die „70-20" noch besser verwirklichen lassen. In solchen Szenarien werden formale Lernprozesse immer mehr durch informelles Lernen ergänzt oder gar ersetzt. Denn selbstorganisiertes, informelles Lernen verspricht die Antwort auf zahlreiche Herausforderungen, die heute an Lernen in Organisationen gestellt werden: Es ist nicht nur arbeitsplatznah und flexibel, sondern gibt auch eine überzeugende Antwort auf die Frage, wie sich internes Wissen organisieren lässt.

▪ Die Vielfalt der Lernformate

Mit der Digitalisierung ergeben sich vielfältige Möglichkeiten, die vor wenigen Jahren noch unvorstellbar waren, um die Lernprinzipien umzusetzen. Sie bilden quasi das „Herz" der Learning Revolution. Je nach Lernformat sind zur Vorbereitung und Durchführung neue Kompetenzen notwendig. Was mit den jeweiligen Lernformaten gemeint ist, wird in den entsprechenden Kapiteln näher erläutert (▪ Abb. 1.5).

1

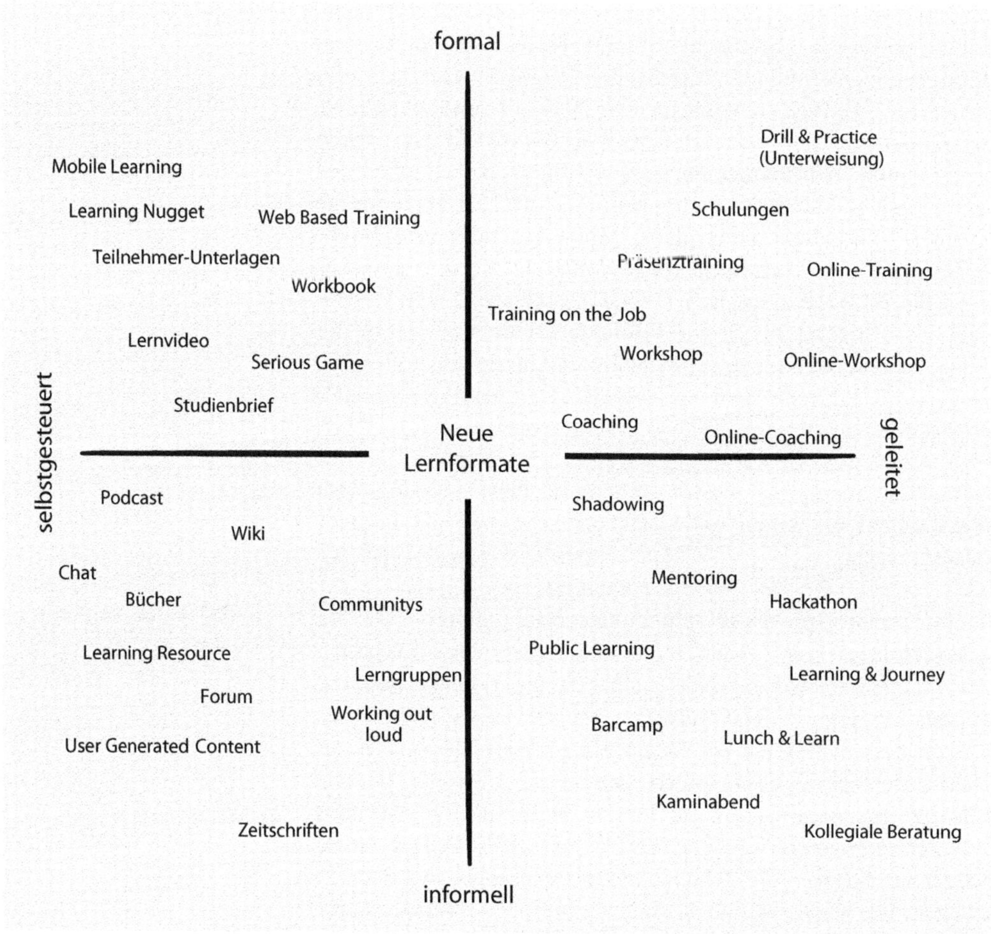

Abb. 1.5 Vier Quadranten des Lernens mit klassischen und neuen Lernformaten

1.2.2 Blended Learning: Lernformate kombinieren

Mit der Vielfalt der Lernformate ergibt sich auch die Möglichkeit, die einzelnen Lernformate besser miteinander zu kombinieren: Lernen wird zum „Blended Learning". Wie am Beispiel des Schulunterrichts gezeigt wurde, ist „gemischtes Lernen" nicht neu. Mit den neuen Formaten entfaltet das Thema aber eine ganz andere Dynamik: Lernen wird **vom singulären „Lernevent" zum „Lernprozess".** Die Vorteile liegen auf der Hand: Häufig wird der große Vorteil von Blended Learning darin gesehen, dass sich durch die Kombination von Lernformaten die Nachteile des einen Lernformats mit den Vorteilen des anderen kompensieren lassen. Das ist unbestreitbar. Wollte man den Einsatz von Blended Learning jedoch darauf reduzieren, würde das zu kurz greifen. Denn Blended Learning ermöglicht das, wovon Pädagogen seit Jahrhunderten geträumt haben: Lernen und Arbeit (oder auch Leben) rücken inhaltlich und zeitlich näher zusammen. Wie David A. Kolb in seinem Modell des Experiential Learning beschreibt, vollzieht sich Lernen in sogenannten Lernschleifen aus Vermittlung, Anwendung und Reflexion (Kolb 1984). Entscheidend ist, dass der Lerner durch die Ausweitung eines singulären Lernevents (z. B. eines zweitägigen Präsenztrainings) zu einem Lernprozess (z. B. die zeitlich gestaffelte Abfolge von E-Learning und Präsenz) diese Lernschleifen viel öfter durchlaufen kann (◘ Abb. 1.6).

Wie an diesem Beispiel deutlich wird, durchläuft der Lerner in einem (gut gemachten) Präsenztraining zwei bis drei Lernschleifen. In einem Blended-Learning-Lernprozess dagegen hat der Lerner die Möglichkeit, mehrfach diese Lernschleifen zu durchlaufen. Das hat immense Auswirkungen auf Transfer, Nachhaltigkeit und Performance: „Lerntransfer" ist nichts, was z. B. am Ende eines Präsenztrainings noch einmal im Sinne von „Notiert mal, was ihr umsetzen wollt" abgefragt wird. Vielmehr wird Transfer zum integralen Bestandteil des Lernprozesses selbst – und zwar von Anfang an. Lernen wird – als **Lernen und Anwenden** – zum Bestandteil der Arbeitspraxis, wie auch Impulse aus der Arbeit unmittelbar im Lernprozess aufgenommen und bearbeitet werden können. Insofern verspricht Blended Learning zu einer echten Lösung des Performance-Problems zu kommen. **Lernen, das den Anforderungen der modernen Arbeitswelt gerecht werden will, ist heute notwendigerweise „Blended Learning".** Die herausragende Bedeutung von Blended Learning unterstreichen auch zahlreiche Studien. In der vom mmb-Institut seit 2008 durchgeführten Studie „Learning Delphi" liegt Blended Learning seit 2009 (!) unangefochten auf Platz 1. 2016 meinten 96 % der

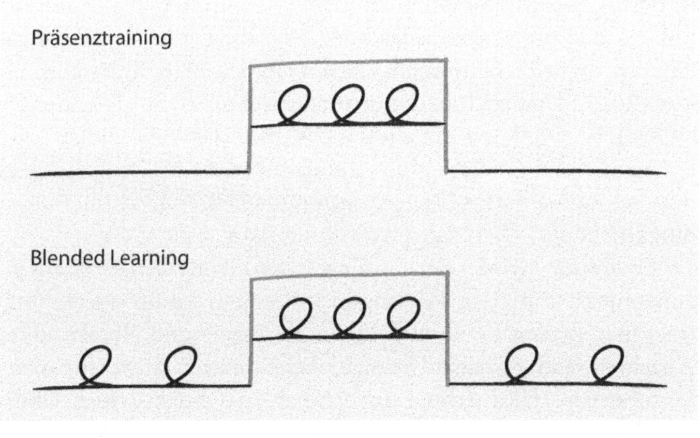

◘ **Abb. 1.6** Lernschleifen

1

befragten HR-Experten, dass Blended Learning von „zentraler Bedeutung für das betriebliche Lernen im Unternehmen" ist (mmb Institut 2017, S. 5.). In der Studie „Lernen im Digitalen Zeitalter" heißt es: „Eine klare Mehrheit (78 %) der Befragten hält einen Mix aus konventionellen und digitalen Medien in der Weiterbildung für wünschenswert" (Bertelsmann Stiftung 2018, S. 23). Und die international angelegte Studie „Towards Maturity 2017 Benchmark™ research" mit mehr als 700 „L&D Leaders" kommt zu dem Ergebnis:

„55 % of all formal learning is still face to face (only 6 % are looking to increase this in the next 2 years) 23 % is a blend of face-to-face and online learning (78 % are looking to increase this in the next 2 years) 22 % of formal learning is wholly online (72 % are looking to increase this in the next 2 years)" (Towards Maturity 2017, S. 11).

1.3 Was bedeutet das nun alles für den Trainer? – Sechs Thesen

Der digitale Wandel verschärft zwar einerseits das Performance-Problem betrieblichen Lernens, andererseits bieten die neuen digitalen Lernformate aber auch eine probate Lösung für das Problem. Jetzt könnte man meinen: Eigentlich alles gut. Allerdings fehlt in diesen Überlegungen ein dritter Baustein: die digitale Kompetenz des Trainers. Die Studie „Digitale Bildung auf dem Weg ins Jahr 2025" kommt in diesem Punkt zu folgendem Ergebnis: **„Die digitale Kompetenz der Lehrenden stellt in allen Bildungssektoren die größte Herausforderung für die umfassende Digitalisierung des Lernens dar".** Die geringsten Probleme sehen die Experten aufseiten der Lernenden. Deren digitale Kompetenz und technische Ausstattung stellt keine Hürde für das digitale Lernen dar (mmb Institut 2017, S. 3). Andere Autoren kommen zu ähnlichen Einschätzungen: Für Robbes sind die Trainer „das schwierigste Klientel" bei der Einführung digitaler Lernmöglichkeiten (Robes 2018, S. 2; vgl. auch Rohs 2018). Und auch in der breit angelegten Studie „Die Weiterbildung im Digitalen Zeitalter" heißt es: „Das volle didaktische Potenzial des digitalen Lernens, etwa für mehr individualisiertes oder selbstgesteuertes Lernen, nutzen die Lehrenden bisher allerdings nicht aus" (Bertelsmann Stiftung 2018, S. 7).

Einerseits wird der „durchschnittliche Präsenztrainer" zunehmend mit dem Performance-Problem konfrontiert. Auftraggeber prüfen heute viel genauer Nutzen und Kosten eines Angebots und entscheiden sich dabei immer mehr für neue Lernformate. Dies erfolgt manchmal aus didaktischen Überlegungen, sehr oft aber auch, um Kosten zu sparen. Blended

Learning ist je nach Kalkulation in der Durchführung nicht unbedingt günstiger als ein reines Präsenztraining. Ein enormes Einsparungspotenzial stellen hingegen die Opportunitätskosten (Reisekosten, Abwesenheit vom Arbeitsplatz etc.) dar. Das scheint mittlerweile auch in den Chefetagen erkannt worden zu sein: Motor für die Einführung oder den Ausbau von Blended Learning ist in vielen Unternehmen ein entsprechender Vorstandsbeschluss, um eben diese Opportunitätskosten zu sparen.

Andererseits erfordern die neuen Lernformate neue Kompetenzen auf Seiten der Trainer. Deren oftmals über Jahrzehnte aufgebauten Fähigkeiten in Bezug auf Präsenztrainings reichen nicht aus, um auch die anderen Lernformate sicher anwenden zu können. Der „Lehrer" muss selbst wieder zum „Lerner" werden – eine Rolle, die nicht jedem leichtfällt.

Demgemäß ergeben sich aus den vorangegangen Überlegungen sechs zentrale Thesen zur Veränderung der Trainerrolle hin zum Lernbegleiter.

▪ 1. Lernarchitektur: In Prozessen denken

Um arbeitsplatznahe, anwendungsorientierte Lernprozesse gestalten zu können, muss der Trainer Lernarchitekturen, also aus verschiedenen Lernformaten bestehende Konzepte, entwerfen können. Das erfordert einerseits eine breite und tiefe Kenntnis der Möglichkeiten und Grenzen der verschiedenen Lernformate, andererseits muss der Architekt wissen, wie er diese Elemente didaktisch sinnvoll kombinieren kann. Vielleicht ist das sogar die größte Herausforderung für den Trainer: Genügte es früher, das Präsenztraining als zweitägiges Lernevent zu planen, geht es bei Lernarchitekturen darum, in längerfristigen *Prozessen zu denken.*

▪ 2. Präsenztrainings: Übungsräume gestalten und Feedback geben

Manchmal proklamieren glühende Vertreter des digitalen Lernens das Ende des analogen Präsenztrainings. Diese Einschätzung teilen wir nicht: Präsenztrainings werden zwar weniger werden, gleichzeitig aber auch wichtiger. Sie werden so gestaltet sein müssen, dass die Lerner die wertvolle Präsenzzeit vor allem dafür nutzen, vermittelte Theorie zu üben und Feedback auf die Anwendung zu erhalten. Denn Inhalte lassen sich auf digitalem Wege vermitteln. Trainer, die ihre Trainings bereits interaktiv und anwendungsorientiert gestalten, können sich freuen, da für sie der Veränderungsbedarf geringer oder gar nicht vorhanden ist. Trainer, deren Schwerpunkt bisher eher in der Vermittlung von theoretischen Inhalten liegt, werden die Kompetenz brauchen, *Übungsräume zu gestalten* und qualifiziertes *Feedback zu geben.*

- **3. Online-Training: Lernen auf Distanz**

Viele Funktionen von Präsenztrainings werden durch Online-Trainings ersetzt werden. Zwischen Präsenz- und Online-Trainings bestehr zwar eine gewisse Ähnlichkeit, in den entscheidenden Punkten funktionieren Online-Trainings aber anders als Präsenztrainings. Beim *Lernen auf Distanz* werden z. B. Technik, Struktur und Visualisierungen wichtiger, „Charisma", Spontaneität und Gruppendynamik verlieren an Bedeutung. Insbesondere der Umstand, dass die Kommunikation mit den Teilnehmern nicht mehr unmittelbar, sondern über Software und Technik vermittelt erfolgt, stellt für viele Trainer eine große Herausforderung dar. Denn oft ist der Grund für die Wahl des Trainerberufs ja gerade der Wunsch, unmittelbar „mit Menschen zu tun zu haben". „Teckies" sind unter Trainern wohl eher seltener.

- **4. E-Learning: Autor und Produzent werden**

„Muss ich zukünftig E-Learning selbst erstellen und mich in komplizierte Autorentools einarbeiten?" – so lautet oft die Befürchtung von Trainern, wenn es um dieses Lernformat geht. Die Antwort ist: Zum Glück nicht zwingend, denn es gibt einfachere Wege. Die Erstellung aufwendiger E-Learning-Formate erfordert oft ein Expertenteam. Innerhalb eines solchen Teams aus Designern, Programmierern, Sprechern etc. kann dem Trainer die Rolle des *Autors* zukommen, der in der Lage ist, zu seinen Themengebieten Konzepte zu schreiben. Das erfordert neben einem guten schriftlichen Ausdrucksvermögen und didaktischem Verständnis auch die Bereitschaft, sich in seinen Themen wirklich „up to date" zu halten. Denn es fällt viel leichter, im Präsenztraining mal eine Info in den Raum zu werfen, bei deren Richtigkeit man sich nur zu 70 % sicher ist, als die gleiche Info in Form eines Textes quasi „in Stein zu meißeln".

- **5. Informelles Lernen: Rahmen setzen**

Mit den Lernformaten des informellen Lernens[1] verlässt der Trainer wohl am weitesten vertrautes Terrain. „Lernen ohne zu lehren" lässt keinen Raum für „Trainerzentrierung". Indem der Lerner mit seinen Lernzielen und -inhalten (informelles Lernen) und seiner selbstorganisierten Lernaktivität im Mittelpunkt steht, wird der Trainer zum „Lern-Ermöglicher". Er kann die Lerninfrastruktur bereitstellen, und gestalten, innerhalb derer Lernen stattfinden kann. Mit der klassischen Trainerrolle

---

1 Da beim informellen Lernen die Unterscheidung zwischen gesteuertem und selbstgesteuertem Lernen stark verwischen kann, sprechen wir der Einfachheit halber hier von „informellem Lernen".

hat das nur noch wenig gemein. Am ehesten sind noch Moderations- und Coaching-Kompetenzen bei der Begleitung von Austauschformaten und individualisierten Lernwegen gefragt. Er sollte sich allerdings auch mit dem Gedanken anfreunden, dass er manchmal „ganz außen vor" bleibt und in den Hintergrund tritt.

6. Veränderungen gestalten: Bei sich selbst anfangen

Normalerweise sind Trainer Profis im Umgang mit Veränderungen – allerdings mit Veränderungen, die andere betreffen: Mitarbeiter, Führungskräfte, Teams, Unternehmen. Der Trainer in seiner professionellen, distanzierten Rolle bleibt von diesen Veränderungen – qua seiner Rolle – meist ziemlich unberührt. Bei der Learning Revolution allerdings ändert sich die Situation grundlegend. Zwar gilt auch für Mitarbeiter, Führungskräfte, Teams und Unternehmen weiterhin, dass die Einführung neuer Lernformate oft Change auf vielen Ebenen ist. Den wohl größten Change macht aber in diesem Fall der Trainer selbst durch. Er muss nicht nur neue Kompetenzen erwerben, vielmehr hat die Learning Revolution auch weitreichende Auswirkungen auf Geschäftsmodelle, Tagessätze und die Arbeitsorganisation von Trainern. Wenn z. B. bisherige Vergütungsmodelle für Trainer auf der Anzahl von durchgeführten Trainingstagen basierten, wird das zukünftig nicht mehr ausreichen. Denn wenn sich Trainingstage reduzieren, weil der Trainer seine Teilnehmer mehr und mehr online begleitet oder E-Learning konzipiert und erstellt, dann wird mit der veränderten Arbeitsorganisation auch ein Überdenken des bisherigen Entgeltmodells erforderlich. Und nicht nur das: Letztlich geht es um den grundlegenden Wandel des Selbstverständnisses des Trainerberufs. Dieses war und ist geprägt von einer „Lehr-Didaktik". Der Trainer erklärt „anderen die Welt" und hat dabei „das Heft in der Hand" (formale und gesteuerte Lernformate). Diese Form der Didaktik funktioniert aber nicht bei den anderen Lernformaten. Diese erfordern viel mehr eine „Ermöglichungsdidaktik", in der nicht vom Trainer und dessen Wissensvermittlung aus gedacht wird, sondern vom Lerner und dessen Wissensaneignung. Arnold bringt dieses veränderte Selbstverständnis so auf den Punkt: „Lernen statt Lehre" (Arnold und Schüssler 1998, S. 123).

1

Stufen betrieblichen Lernens
Jede Organisation hat ihre eigene Lernkultur. Als grobe Unterscheidung hat sich das folgende Modell der „Stufen betrieblichen Lernens" bewährt.

Frontal-Schulungen
Typisch für klassische Schulungen ist die starke Konzentration auf die Präsentation von Inhalten. Die Teilnehmer haben kaum die Möglichkeit, das Gehörte auch zu verarbeiten. Insofern entsprechen solche Schulungen eher dem Model „Lernen und Abspeichern". Klassische Schulungen im Frontalverfahren prägen seit über 50 Jahren das Lernen in vielen Organisationen.

Interaktive Trainings
Interaktive Trainings entsprechen im besten Fall den Standards moderner Weiterbildung. Sie sind teilnehmer- und performance-orientiert und erlauben echte, anwendungsbezogene Lernerfahrungen. Allerdings handelt es sich um „Lerninseln" in seminaristischer Form. Interaktive Trainings haben in den 1980er-Jahren Einzug in Organisationen gehalten.

Blended Learning
„Blended Learning" taucht Anfang der 2000er-Jahre in der Weiterbildung auf. Damals wurde darunter noch vor allem die Kombination aus Präsenztraining und dem sich gerade verbreitenden E-Learning verstanden. Heute steht Blended Learning für die Kombination von formalen Lernformaten, die durch informelle ergänzt werden.

Workplace Learning
Workplace Learning ist die jüngste Stufe betrieblichen Lernens. Es ist eng mit der Verbreitung des Web 2.0 verknüpft und wird im deutschsprachigen Raum seit ca. 2010 diskutiert. Im Unterschied zu Blended Learning wird hier versucht, möglichst auf formale Lernformate zu verzichten. Lernen erfolgt direkt am Arbeitsplatz und in Netzwerken.
Zwischen den Stufen gibt es Übergange, die durch spezifische Problemstellungen bestimmt sind. Jeder Übergang stellt besondere Herausforderungen an den „Lehrenden", an den Lernenden und an die Organisation (◘ Abb. 1.7):

1. „Interaktions-Turn": Der Übergang von Frontal-Schulungen zu interaktiven Trainings. Fokus: Wie gestalte ich die Vermittlung von Inhalten teilnehmer- und performanceorientiert?
2. „Blended-Turn": Der Übergang von interaktiven Trainings zu Lernprozessen. Fokus: Wie erhöhe ich das Lernergebnis durch die Kombination verschiedenen Lernformate?
3. „Workplace-Turn": Der Übergang von formalen Lernprozessen zum informellen Lernen am Arbeitsplatz. Fokus: Wie gestalte ich ein Lernen ohne Lehre?

Die „Learning Revolution" bezeichnet alle Entwicklungen, die mit dem „Blended-Turn" einsetzen. Hier liegt auch der Schwerpunkt des vorliegenden Buches. Blended Learning kann als die Fortsetzung interaktiver Trainings mit digitalen Mitteln verstanden werden, da hier zunächst formales Lernen den Schwerpunkt bildet, das um informelle Lernformate ergänzt wird. Im Workplace-Learning wird diese Vorgehensweise auf den Kopf gestellt: Hier bildet das informelle Lernen, das punktuell durch formale Lernformate ergänzt wird, den Ausgangspunkt. Es gibt durchaus Stimmen, die die Meinung vertreten, dass erst hier die eigentliche „Learning Revolution" beginnt (vgl. etwa Quinn 2014). Wie auch immer man die Zuordnung treffen möchte: Fakt ist in jedem Fall, dass der direkte Einfluss des Lehrenden/Trainers immer mehr ab- und der des Lerners immer mehr zunimmt

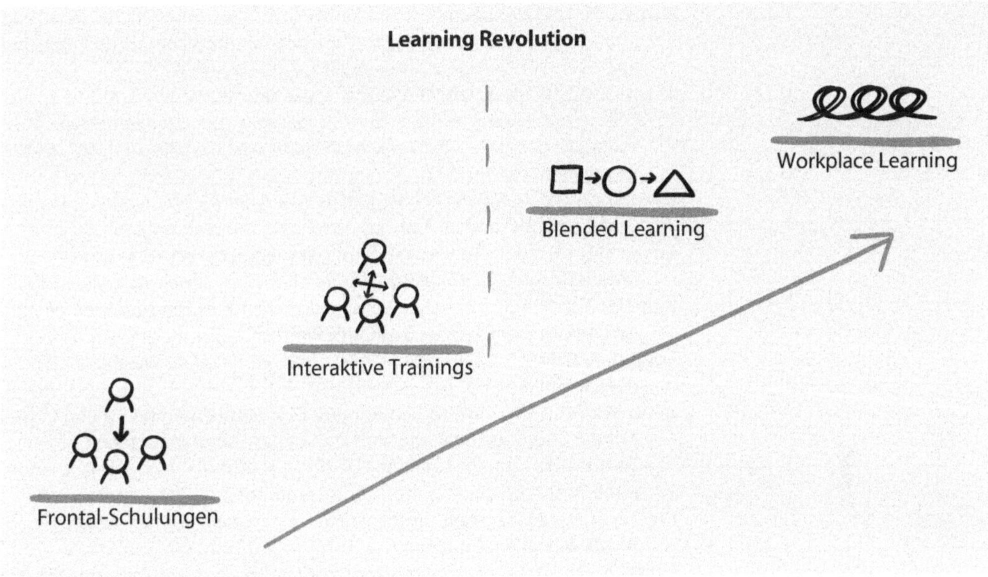

Abb. 1.7 Stufen betrieblichen Lernens

Literatur

Arets, J., et al. (2016). *702010 towards 100% performance*. Maastricht: Sutler Media.

Arnold, R., & Schüssler, I. (1998). *Wandel der Lernkulturen: Ideen und Bausteine für ein lebendiges Lernen*. Wien: Wissenschaftliche Buchgesellschaft.

Bertelsmann Stiftung. (Hrsg.). (2018). Monitor Digitale Bildung. Die Weiterbildung im digitalen Zeitalter (1. Aufl., S. 72). ► https://doi.org/10.11586/2018007.

Brynjolfsson, E., & McAfee, A. (2014). *The second machine age: Work, progress, and prosperity in a time of brilliant technologies*. New York: W.W. Norton & Company.

Cobb, J. (2013). *Leading the learning revolution. The expert's guide to capitalizing on the exploding lifelong education market*. New York: AMACOM.

Croos, J. (2014). Learning informally in your workspace. In E. Biech (Hrsg.), *ASTD Handbook: The definitive reference for training & development* (S. 407–419). Alexandria: Association for Talent Development.

Dengler, K., & Matthes, B. (2015). Folgen der Digitalisierung für die Arbeitswelt: Substituierbarkeitspotenziale von Berufen in Deutschland, S. 22. ► http://doku.iab.de/forschungsbericht/2015/fb1115.pdf.

Dräger, J., & Müller-Eiselt, R. (2015). *Die Digitale Bildungsrevolution Der radikale Wandel des Lernens und wie wir ihn gestalten können* (2. Aufl.). München: Deutsche Verlagsanstalt.

Floridi, L. (2014). *The fourth revolution: How the Infosphere is reshaping human reality*. New York: OUP Oxford.

Friedman, T. L. (2013). The Professors' Big State. ► http://www.nytimes.com/2013/03/06/opinion/friedman-the-professors-big-stage.html?mcubz=0.

Gris, R. (2008). *Die Weiterbildungslüge: Warum Seminare und Trainings Kapital vernichten und Karrieren knicken*. Frankfurt a. M.: Campus.

1

Harden, N. (2012). The end of the University as we know it. The American interest, *8*(3). ▶ https://www.the-american-interest.com/2012/12/11/the-end-of-the-university-as-we-know-it.

Jauernig, H., & Braun, K. (2017). Amazon, Apple, Google, Facebook, Microsoft: Wer knackt die Billion? ▶ http://www.spiegel.de/wirtschaft/unternehmen/amazon-apple-google-facebook-microsoft-wer-knackt-die-billion-a-1160728.html. Zugegriffen: 19. Sep. 2017.

Kirkpatrick, J. D., & Kirkpatrick, W. K. (2016). *Kirkpatrick's four levels of training evaluation*. Alexandria: Association for Talent Development.

Koch, A (2015). 70-20-10 Bildungsformel vernebelt den Blick. ▶ https://www.hrm.de/fachartikel/70-20-10-bildungsformel-vernebelt-den-blick-13069.

Kolb, D. A. (1984). *Experiential learning: Experience as the source of learning and development*. Englewood Cliffs: Prentice-Hall.

Konrad, K. (2014). *Lernen lernen – Allein und mit anderen*. Wiesbaden: Springer Fachmedien.

mmb Institut. (2017). Weiterbildung und Digitales Lernen heute und in drei Jahren: Corporate Learning wird zum Cyber-Learning. Ergebnisse der 11. Trendstudie „mmb Learning Delphi". ▶ http://www.mmb-institut.de/mmb-monitor/trendmonitor/mmb-Trendmonitor_2017_I.pdf.

Precht, R. D. (2018). *Jäger, Hirten, Kritiker: Eine Utopie für die digitale Gesellschaft*. München: Goldmann.

Quinn, C. N. (2014). *Revolutionize learning & development: Performance and innovation strategy for the information age*. New York: Wiley.

Robes, J. (2018). Interview „Eine neue Dringlichkeit". ▶ https://www.bertelsmann-stiftung.de/fileadmin/files/BSt/Publikationen/GrauePublikationen/BST_Policy_Interview_Prof_Robes.pdf.

Rosett, A. (2014). Interview. In C. N. Quinn (Hrsg.), *Revolutionize learning & development: Performance and innovation strategy for the information age*. New York: Wiley.

Schwab, K. (2016). *Die vierte industrielle Revolution*. Bonn: Pantheon.

Statista (2018). Prognose der Umsätze durch E-Learning weltweit in den Jahren 2016 bis 2021. ▶ https://de.statista.com/statistik/daten/studie/597661/umfrage/umsatz-im-markt-fuer-e-learning-weltweit/.

Terry, R., & Crush, P. (2009). Learning: Return on investment – A failure to transfer or transform? ▶ http://www.hrmagazine.co.uk/article-details/learning-return-on-investment-a-failure-to-transfer-or-transform.

Terry, R (2011). Accountability needed for workplace training. ▶ https://www.ft.com/content/ac4f71e4-1461-11e1-8367-00144feabdc0. Zugegriffen: 22. Sep. 2017.

TNS Infratest. (2016). Weiterbildungstrends in Deutschland 2016. ▶ https://www.sgd.de/aktuellespresse/weiterbildungstrends.html.

TNS Infratest. (2017). Weiterbildungstrends in Deutschland 2017. ▶ https://www.sgd.de/aktuellespresse/weiterbildungstrends.html.

Towards Maturity. (2017). Towards maturity 2017 Benchmark™ research. ▶ https://towardsmaturity.org/2017/11/27/ld-where-are-we-now.

Vodafone Stiftung. (2016). Gebrauchsanweisung furs Lebenslanges Lernen. ▶ https://www.vodafone-stiftung.de/uploads/tx_newsjson/Vodafone_Stiftung_Gebrauchsanweisung_fuers_lebenslange_Lernen.pdf.

Wick, C. (2016). 70-20-10: Origin, research, purpose. ▶ http://www.forthill-company.com/70-20-10-origin-research-purpose/.

Lernarchitektur erstellen

J. Sammet, J. Wolf, *Vom Trainer zum agilen Lernbegleiter*,
https://doi.org/10.1007/978-3-662-58510-8_2

2

Eine gut durchdachte Lernarchitektur steht am Beginn eines jeden Blended-Learning-Prozesses. Zwar ist eine sorgfältige Konzeption auch bei „Stand-alone"-Präsenztrainings überaus wichtig. Die fachliche und methodische Kompetenz vorausgesetzt, kann der Trainer aber hier eher flexibel reagieren und dadurch so manche Unebenheit in der Konzeption spontan glätten. Blended-Learning-Prozesse (im Folgenden mit „BL-Prozess" abgekürzt) sind natürlich auch nicht „unflexibel". Da hier aber mehrere Formate möglichst gut ineinandergreifen sollten und z. B. auch Produktionszeiten für E-Learnings berücksichtigt werden müssen, sollte der Konzeption von BL-Prozessen ausreichend Raum geschenkt werden. Zur Entwicklung einer Lernarchitektur hat sich ein Prozess bewährt, der in den folgenden Kapiteln ausführlich beschrieben wird. Wichtig: Die einzelnen Schritte sind nicht als chronologische, sondern als logische Reihenfolge gedacht. Daher kommt dem fortlaufenden „Umsetzungscheck" eine besondere Bedeutung zu: Es ist wenig hilfreich, einen BL-Prozess über Monate zu planen und am Ende festzustellen, dass der Lernprozess doch nicht „greift". Das kann vielfältige Gründe haben: Vielleicht hat sich der Bedarf in der Zwischenzeit verschoben oder wichtige Faktoren waren zu Beginn der Planung nicht sichtbar. Oder es sind neue technische Anforderungen aufgetreten, die eine Anpassung erforderlich machen. Kurzum: BL-Prozesse nach der „Wasserfall-Logik" zu planen, birgt immense Risiken. Wir empfehlen hier vielmehr ein „agiles" Vorgehen mit Prototyping, Feedbackschleifen und Anpassungen (◘ Abb. 2.1).

2.1 Auftragsklärung und Bedarfsanalyse

Trailer

Während einer Veranstaltung zum Thema „Design von Training" mit erfahrenen Trainern antwortet ein Teilnehmer auf die Frage „Wie planen Sie Trainings?" mit: „Ganz ehrlich? Ich schaue nach, welche Präsentation ich vom Marketing zum Thema auf dem Rechner habe und buche einen Raum."

2.1.1 Performance-Ziele festlegen

Natürlich sollte so die Planung von Trainings und Lernprozessen nicht ablaufen. Eine seriöse Planung beginnt immer mit der Frage nach dem Bedarf. Allerdings ist die Ermittlung des tatsächlichen Bedarfs oft gar nicht so einfach. Manchmal auch, weil sich die Auftraggeber selbst nicht darüber im Klaren sind. Dann wird schnell in Lösungen und Inhalten gedacht, gerne in Kombination mit aufgeschnappten Buzz-Wörtern: „Meine Führungsmannschaft braucht ein Serious Game zum Thema Agilität." Ob solche

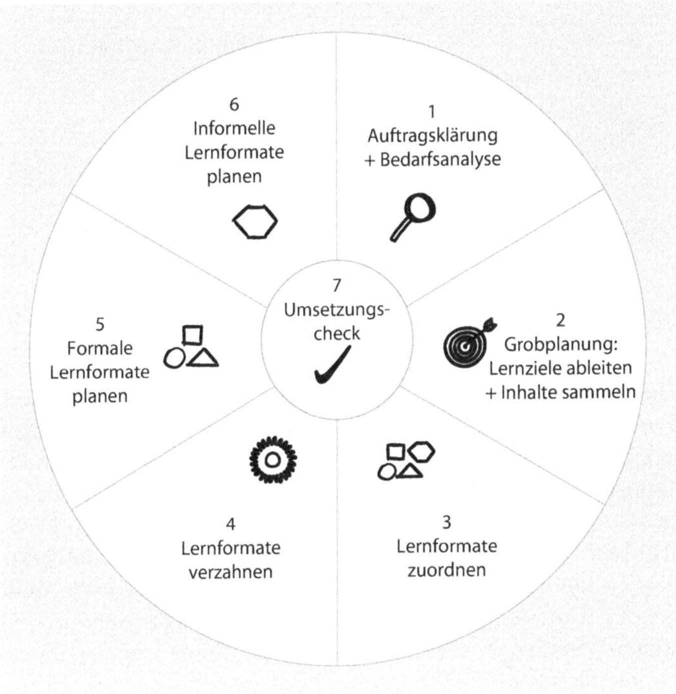

Abb. 2.1 Design einer Lernarchitektur

Schnellschüsse dann tatsächlich den Bedarf treffen, darf bezweifelt werden. Um nicht in diese Fallen zu tappen, empfiehlt es sich, viel Zeit und Sorgfalt für die Erhebung des tatsächlichen Bedarfs aufzuwenden und eine vorübergehende „Lösungslosigkeit" auszuhalten. Denn in einer guten Auftragsklärung geht es (erst mal) nicht um Lernen, Formate oder gar Inhalte! Die Leitfrage lautet vielmehr: **Was ist das reale, in der Arbeitspraxis auftretende Problem, das eine Lösung erforderlich macht?** Erst wenn diese Frage geklärt ist, kann über weitere Schritte nachgedacht werden. Als Hilfestellung empfehlen wir hier die **„Columbo"-Haltung:** Der berühmte Fernsehdetektiv ist ja bekannt dafür, dass er sich bei seinen Befragungen eben nicht mit dem Oberflächlichen zufrieden gibt, sondern sehr hartnäckig – gerne auch noch im Gehen – immer weiter fragt.

Übersicht

Übersicht

Typische Fragen, die sich auf die Performance beziehen **(Performance-Paradigma):**

- In welchen Situationen tritt das Problem auf?
- Wie gehen die Mitarbeiter bisher mit dem Problem um?

2

- Was wurde schon versucht, um das Problem zu lösen?
- Welche Auswirkungen hat das Problem?

Typische Fragen, die sich auf das Lernen beziehen **(Lernparadigma)**:
- Was können/sollen die Teilnehmer lernen?
- Welche Lernformate sollen zum Einsatz kommen?
- Was sind die Lernziele?
- Welche Inhalte sollen vermittelt werden?

Hier findet sich der Berührungspunkt mit dem **Performance-Problem,** das in der Learning Revolution ein solches Gewicht bekommen hat. Denn wenn an dieser Stelle nicht wirklich das Problem aufgedeckt wird, droht nicht nur durch falsche Lösungen der unnötige Verbrauch von Ressourcen. Sondern das Problem besteht fort und verursacht weiterhin direkte oder indirekte Kosten (deswegen sprechen wir auch lieber vom „Problem“ statt weichzeichnerisch von „Herausforderung“). Das können sich in Zeiten hochdynamisierter Märkte jedoch immer weniger Unternehmen leisten.

Aus der Problembeschreibung leiten sich die **Performance-Ziele** ab: Performance-Ziele sind die Ziele, bei deren Erreichung das Problem gelöst ist. Mit den Performance-Zielen steht und fällt die Sinnhaftigkeit betrieblichen Lernens. Erwachsene lernen gemäß der Relevanz der Inhalte für ihre Praxis. Fehlt diese Relevanz, findet Lernen kaum statt.

Performance-Ziele haben immer zwei Dimensionen: die Relevanz für das Unternehmen **(Organisations-Ziel)** und die persönlich empfundene Relevanz für den Mitarbeiter **(persönliches Ziel).** Im Idealfall sind beide Dimensionen deckungsgleich: Was aus organisationaler Sicht relevant ist, empfindet auch der Mitarbeiter als wichtig und ist entsprechend motiviert, das Performance-Ziel zu erreichen. Allerdings stehen organisationale und persönliche Ziel häufig im Widerspruch: Das Organisations-Ziel lautet „Reisekosten sparen“, der Mitarbeiter unternimmt aber sehr gerne Dienstreisen (persönliches Ziel). Dass der Mitarbeiter in einem solchen Fall z. B. gar nicht die Handhabung von Online-Meetings lernen *will,* liegt auf der Hand. Umso wichtiger ist es, sich sehr früh über die möglichen Motive und Bedürfnisse der Zielgruppen Gedanken zu machen und entsprechende Nutzen-Argumente abzuleiten. Letztlich liegt genau hier die Schnittstelle zum Change Management: die Mitarbeiter (Lerner) „mitnehmen“.

Ist ein klares Performance-Ziel formuliert, folgt im nächsten Schritt die Suche nach der geeigneten **Lösungsform.** Das muss nicht immer „Lernen“ sein. Vertreter des „Performance

Improvement" vertreten seit vielen Jahren die Meinung, dass Lernen alleine in den wenigsten Fällen eine geeignete Lösung ist, um den „Performance-Gap" zu schließen (vgl. Willmore 2016, S. 12 ff.). Denn es kann hier die große Versuchung entstehen, die Lösung eines Performance-Problems *alleine* in die Verantwortung der einzelnen Mitarbeiter und Führungskräfte zu legen, notwendige strategische, strukturelle oder auch personelle Veränderungen aber ausbleiben. Wir sprechen in einem solchen Fall von einem **„Lern-Kurzschluss"**.

Beispiel

Beispiel

Solche Lern-Kurzschlüsse lassen sich gerade dann beobachten, wenn Unternehmen durch veränderte Marktbedingungen unter Druck geraten. Der Klassiker ist hier, dass beträchtliche Summen in Vertriebsschulungen investiert werden, damit die Mitarbeiter die Produkte noch besser verkaufen. Tatsächlich nötig wäre aber nicht ein besserer Vertrieb mit den gleichen Produkten, sondern eine Anpassung von Produkten und Geschäftsmodell an die veränderten Marktbedingungen. Erst wenn diese Anpassungen erfolgt sind, machen auch Vertriebsschulungen wieder Sinn.

Letztlich geht es um das Zusammenspiel von Organisations- und Personalentwicklung. Neben Lernen gibt es zahlreiche andere Lösungsformen, die – alleine oder in Kombinationen – zur Erreichung des Performance-Ziels eingesetzt werden können: Beratung, Prozessbegleitung, Coaching, Teamentwicklung etc. Sollte sich in der Analyse herausstellen, dass Lernen die passende Lösungsform ist, so geben Performance-Ziele eine Antwort auf die Frage „warum" jemand etwas lernen und was nach dem Lernprozess konkret anders sein soll. Bei der Vorstellung von Performance-Zielen blicken wir oft in fragende Gesichter. Viele verwechseln sie mit Lernzielen oder aber es bestehen einfach in der Organisation „Traditionen", dass bestimmte Themen gelernt werden sollen – ohne dass näher nach der tatsächlichen Relevanz für den Arbeitsalltag gefragt wird.

Gut formulierte Performance-Ziele bilden auch die Grundlage für eine spätere Evaluation der Maßnahme. Denn erst, wenn man weiß, was sich in der Praxis verändern soll, können geeignete Indikatoren festgelegt werden, um die Maßnahme später zu evaluieren. Zum Glück hat es sich in vielen Unternehmen herumgesprochen: Mit den üblichen Feedbackbögen am Ende eines Lernprozesses oder Trainings wird nicht der wirkliche (Umsetzungs-)Erfolg einer Maßnahme, sondern lediglich die Zufriedenheit der Teilnehmer ermittelt (vgl. Kirkpatrick und Kirkpatrick 2016, S. 17).

Beispiel

Beispiel

Klingt kompliziert? Hier ein einfaches Alltagsbeispiel:

Performance-Problem: Peter hat ein Date mit seiner Traumfrau. Er weiß, dass er sie durch gutes, selbstgekochtes Essen beeindrucken kann. Peter kann aber nur Spiegeleier kochen.

Performance-Ziel: Peter will an dem Date seine Traumfrau mit seinen Kochkünsten so beeindrucken, dass sie wieder kommen möchte (Indikator für Evaluation).

Lösung: Peter macht einen Kochkurs. Die Alternativlösung, an dem Abend einen Freund kochen zu lassen, hat sich nach genauerer Betrachtung als nicht zielführend herausgestellt.

Selbstverständlich kann trotz gelungenen Kochkurses das Performance-Ziel nicht erreicht werden. Vor lauter Aufregung lässt Peter das Essen anbrennen, der Herd funktioniert nicht oder die Traumfrau sagt ab. Lernen kann ein wichtiger Faktor sein, die tatsächliche Erreichung des Performance-Ziels ist aber von diversen Faktoren abhängig.

Ähnlich wie im Koch-Beispiel beschrieben, verhält es sich auch im organisationalen Kontext: Der konzipierte Lernprozess basiert auf einer gründlichen Auftragsklärung, die Durchführung ist wie geplant erfolgt und die Teilnehmer haben das gelernt, worauf der Lernprozess abgezielt hat – doch die Teilnehmer setzen das Gelernte trotzdem nicht in ihrer Praxis um. Ursache hierfür kann ein Mangel an Zeit, Motivation, persönlicher Relevanz etc. sein. Daher zahlt im Idealfall der Einsatz der neu erworbenen Kompetenzen zur Erledigung von Aufgaben in der Praxis auf die Erreichung eines mit der Führungskraft vereinbarten Performance-Ziels ein. Zusätzlich sollte die Führungskraft den Mitarbeiter dabei unterstützen, die dafür erforderlichen Voraussetzungen zu schaffen (◘ Abb. 2.2).

2.1.2 Technik- und Teilnehmer-Check

Die Formulierung von Performance-Zielen stellt eine Lösung des durch die Learning Revolution ausgelösten Performance-Problems dar. Der Technik- und Teilnehmer-Check dagegen bezieht sich insbesondere auf den zweiten Punkt der Learning Revolution: das Aufkommen neuer Lernformate. Hier geht es um die Frage nach der Umsetzbarkeit. So manch kreativer Entwurf ist „gescheitert", weil diesem Schritt nicht genügend Beachtung geschenkt wurde. Denn wenn den Lernern die technischen Möglichkeiten fehlen, die Lernformate nutzen zu können, oder wenn sich neue Lernformate als zu „innovativ" für die Zielgruppe herausstellen, wird der Lernprozess leider schnell abgeschlossen: Die Lerner können oder wollen nicht mitmachen.

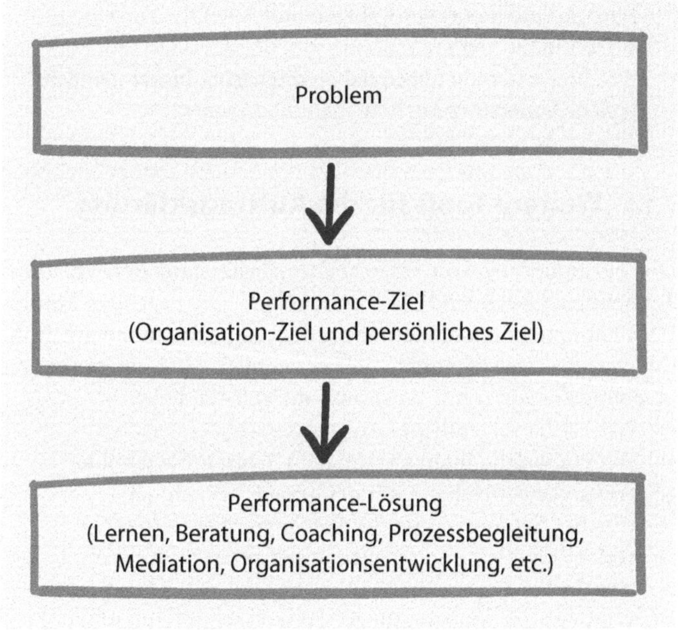

Abb. 2.2 Vom Problem zur Performance-Lösung

Im Technik- und Teilnehmer-Check wird überprüft, ob die Lerner bzw. die Organisation die technischen Möglichkeiten haben, neue Lernformate auch wirklich umzusetzen. Nichts ist ärgerlicher, als wenn mit großem Aufwand ein E-Learning-Format produziert wurde und sich später herausstellt, dass es mit den von der IT zugelassenen Browsern nicht bearbeitet werden kann. Neben den Kosten ist dann auch oft bei den Lernern das Format „verbrannt" im Sinne von: „Funktioniert ja sowieso nicht." Idealerweise sind diese Fragen grundsätzlich bereits zu Beginn der Lernarchitektur geklärt. Sie müssen aber in jedem Fall vor der (oftmals aufwendigen) Ausarbeitung der Lernformate nochmals aufgegriffen werden (vgl. Umsetzungscheck).

Wichtige Fragen für den Technik- und Teilnehmer-Check:

- Wie sieht die Lern-Infrastruktur aus?
- Gibt es ein Learning-Management-System (LMS) und wenn ja, welche Möglichkeiten bietet es?
- Wie sehen die Datenschutzrichtlinien aus?
- Haben die Lerner Zugang zu einem PC?
- Welche Hardware außer einem PC wird benötigt?
- Gibt es Rückzugsmöglichkeiten für die ungestörte Durchführung?
- Reicht die Bandbreite der Internetverbindung?

- Wie werden die Lerner wahrscheinlich auf die einzelnen Lernformate reagieren?
- Welche Lernerfahrungen haben die Lerner bisher gemacht?
- Welche Unterstützung brauchen die Lerner?

2.1.3 Weitere Tools für die Auftragsklärung

Die Formulierung von Performance-Zielen und der Technik-/Teilnehmer-Check sind „Besonderheiten" der Learning Revolution. Für eine umfassende Auftragsklärung müssen je nach Kontext weitere Gesichtspunkte geklärt werden. Hier einige unserer „Lieblingsfragen" (ohne Anspruch auf Vollständigkeit):
- Wer ist der (eigentliche) Auftraggeber?
- Wer hat welche Interessen an dem Projekt (Stakeholder)?
- Wer soll aus welchen Gründen (nicht) teilnehmen?
- Welche „Schmerzpunkte" sollen angepackt werden?
- Welche „heißen Eisen" sollen liegen gelassen werden?
- Was darf nicht passieren?
- Wieso ist das Angebot für die Lerner attraktiv/unattraktiv?
- Ist die Teilnahme freiwillig oder angeordnet?
- Welche latenten oder offenen Konflikte gibt es?
- Welche wichtige Frage habe ich noch nicht gestellt?
- Nachfragen in allen Variationen: Was genau meinen Sie …?

Für Auftragsklärungsgespräche und Kick-off-Workshops eignet sich außerdem hervorragend der Einsatz von Visualisierungen. Ebenso lassen sich die neuen digitalen Formate natürlich auch für die Auftragsklärung nutzen. Wieso nicht einmal Online-Meetings mit entsprechender Software-Unterstützung (z. B. ▶ www.mindmanager.de) durchführen? Auch komplexere Umfragen lassen sich heute ohne großen Aufwand leicht selbst erstellen (z. B. ▶ www.survio.de).

2.2 Grobplanung

Nachdem Performance-Problem, Performance-Ziel und Rahmenbedingungen geklärt sind, kann als nächster Schritt die Grobplanung des Lernprozesses erfolgen.

■ Lernziele ableiten

Die Performance-Ziele sind die Grundlage für die Formulierung von Lernzielen. In der jüngsten Diskussion über Kompetenzen und Lernergebnisse wird die Notwendigkeit von Lernzielen manchmal infrage gestellt. Wir folgen hier den Überlegungen von Arnold et al., wonach Lernziele und Kompetenzen keinen Gegensatz darstellen, sondern Lernziele als

Schritte auf dem Weg zur Kompetenzentwicklung verstanden werden: „Lernziele sind die möglichst exakte Beschreibung des angestrebten Lernergebnisses“ (Arnold et al. 1999, S. 79).

Die wichtigste Funktion von Lernzielen ist es, Orientierung darüber zu geben, was im Lernprozess „in and out of scope“ ist. Bei der Erstellung einer Lernarchitektur sind sie an verschiedenen Stellen auch unerlässliche Entscheidungskriterien. Bei der Grobplanung geht es zunächst darum, die Grob-Lernziele für den gesamten Lernprozess zu formulieren. Meist genügen ein bis zwei Grobziele. In Anlehnung an die berühmte Taxonomie von Benjamin Bloom (vgl. Bloom 1972) ist für die Erstellung von Lernarchitekturen vor allem die folgende Unterscheidung relevant:

1. **Kennen** (auch Wissen/Erinnern): Die Lerner kennen bestimmte Inhalte (Fakten, Daten, Theorien).
2. **Verstehen:** Die Lerner verstehen die Zusammenhänge und die Bedeutung der Inhalte.
3. **Anwenden:** Die Lerner können aktiv mit dem Verstandenen umgehen und es zur Lösung konkreter Situationen anwenden (Kompetenz).

Lernprozesse zielen fast immer auf die Ebene „Anwenden“. Denn nur so kann sichergestellt werden, dass der Lernprozess auch anschlussfähig an die Performance-Ziele ist.

Anleitung

Bauanleitung für Lernziele
(am Beispiel von Peters Kochkurs)
Beschreiben Sie möglichst **konkret das Endverhalten:**
Am Ende des Lernprozesses können Sie eigenständig ein Drei-Gänge-Menü, bestehend aus Vorspeise, Hauptgericht und Dessert, zubereiten.
Benutzen Sie Verben: *können … zubereiten*
Formulieren Sie einen Maßstab: *… eigenständig*
Formulieren Sie in die Zukunft: *Am Ende…*
Hilfreiche Verben
Kennen: aufzählen, ausführen, benennen, beschreiben, bezeichnen, darstellen, skizzieren
Verstehen: austauschen, darstellen, erklären, erläutern, übertragen, zusammenfassen, reflektieren
Anwenden: durchführen, erstellen, gestalten, in der Lage sein, können, nutzen, verwenden

In formalen Lernsettings werden die Lernziele „von außen“ gesetzt. Die Formulierung der Lernziele allein ist selbstverständlich kein Garant dafür, dass die Ziele auch erreicht werden.

2

Die Umsetzung der Lernziele erfordert die Zustimmung durch den Lerner. Stimmt der Lerner – aus welchen Gründen auch immer – den Zielen nicht zu, werden sie auch nicht erreicht werden. Wir sprechen hier vom „didaktischen Gap": Der wichtigste Faktor für die Umsetzung ist der Wille des Lerners – nicht die Didaktik, Technik oder Mediengestaltung. In informellen Lernsettings existiert der didaktische Gap so nicht, setzt sich der Lerner ja hier selbst die Ziele. Die grundsätzliche Unterscheidung von Kennen, Verstehen und Anwenden trifft aber auch hier zu. Sie sind nur meist weniger explizit formuliert, da sie ja das individuelle Anliegen des Lerners sind.

2.2.1 Inhalte sammeln, reduzieren und sortieren

„Ich schreibe Dir einen langen Brief, weil ich keine Zeit habe, einen kurzen zu schreiben." (Goethe zugeschrieben)

Nach der Formulierung der Grobziele werden erste Inhaltsideen gesammelt, nach dem Prinzip des klassischen Brainstormings: „Welche Inhalte fallen mir ein?". Danach folgt der Schritt der **didaktischen Reduktion:** Welche Inhalte **müssen** und welche **können** in den Lernprozess aufgenommen werden. Hier zeigt sich, wie exakt im vorangegangenen Schritt die Lernziele formuliert wurden. Denn diese Lernziele sind das Kriterium, nach denen die Inhalte reduziert werden: Muss-Inhalte sind die Inhalte, die zur Erreichung der Lernziele unbedingt erforderlich sind. Kann-Inhalte sind „nice to have", aber nicht unbedingt erforderlich. Sie können bei ausreichend Zeit mit in den Lernprozess aufgenommen werden. Inhalte, deren Vermittlung nicht auf die Erreichung der Lernziele einzahlen, werden aussortiert. Dieser Schritt fällt vielen oft schwer. Unser Eindruck ist sogar, dass, je tiefer jemand im Thema steckt, es umso schwerer fällt, sich von liebgewonnenen Inhalten zu lösen. Entscheidend ist aber nicht, was der Experte für „interessant" hält. Entscheidend ist vielmehr, was der Lerner für seine Zielerreichung benötigt. Das erfordert einen **Perspektivwechsel,** weg von der Experten-/Trainerzentrierung hin zu einer konsequenten Lerner- und Performance-Orientierung.

Tipp

Tipp

Reduzieren Sie Inhalte! Viele gut gemeinte Lernprozesse scheitern an genau diesem Punkt: Es wird versucht, zu viele Inhalte zu vermitteln. Zurück bleiben überforderte Lerner.

Nach der Sammlung und Reduktion werden die Inhalte sortiert und in eine logische Reihenfolge gebracht:

- Wie stehen die Inhalte miteinander im Zusammenhang?
- Was müssen die Lerner zu Beginn lernen, um darauf aufbauend weitere Inhalte verstehen zu können?
- Was muss verstanden sein, um die Inhalte anwenden zu können?
- Und schließlich: Was sind die Feinlernziele pro Schritt?

2.3 Lernformate auswählen und verzahnen

2.3.1 Lernformate auswählen

Die bisherigen Schritte der Lernarchitektur sind auch Standards bei der Planung einzelner, formaler Lernformate. Der Schritt „Lernformate zuordnen" ist Blended Learning im eigentlichen Sinn. Maßstab der Zuordnung sind auch hier die Lernziele. In der Praxis fällt es allerdings häufig leichter, anhand der angestrebten **„Wissensformen"** (vgl. Arnold und Schüssler 1998, S. 29 f.; Sauter 2013, S. 66 f.) zu planen.

Faktenwissen

- Inhalte, bei denen es primär um Zahlen, Daten und Fakten oder auch um grundlegende Modelle, Strukturen oder Prozesse aus dem jeweiligen Themengebiet geht
- Zugeordnete Lernzielebenen: Kennen/Verstehen

Beispiele:

- Welche Neuerungen gibt es bei Produkt X?
- Aus welchen Schritten besteht der neue Einkaufsprozess?
- Was ist das Sender-Empfänger-Modell der Kommunikation?

Erfahrungswissen

- Eigene Erfahrungen reflektieren und von anderen lernen
- Zugeordnete Lernzielebenen: Verstehen/Anwenden

Beispiele:

- Wie werden die Neuerungen bei Produkt X von den Kunden angenommen?
- Welche Erfahrungen habt ihr mit dem neuen Einkaufsprozess gemacht?
- In welchen Situationen konntet ihr auf das Sender-Empfänger-Modell der Kommunikation zurückgreifen?

2

Handlungswissen
- Aufbau von Kompetenzen (Wissen und Fertigkeiten), die notwendig sind, um die Inhalte auf die Praxis anwenden zu können
- Zugeordnete Lernzielebene: Anwenden

Beispiele:
- Wie vermittle ich meinen Kunden am besten die Neuerungen bei Produkt X?
- Wie bearbeite ich die einzelnen Formulare des Einkaufsprozesses?
- Wie löse ich mit Hilfe des Sender-Empfänger-Modell kritische Gesprächssituationen in meiner Arbeitspraxis?

Welche Lernformate eignen sich nun aber für welche Schritte des Lernprozesses? Um es gleich zu sagen: Hier gibt es keine „strenge" Zuordnung im Sinne von „*Wenn* Schritt X, *dann* Lernformat Y…".

Wohl aber gibt es eine „präferierte" Zuordnung im Sinne von „*Wenn* Schritt X, dann *eher* Lernformat Y…". In der Praxis hat sich das in Abb. 2.3 dargestellte Schema der Zuordnung bewährt.

Präferiertes Lernformat für Faktenwissen ist **E-Learning** in allen Spielarten. Der Lerner kann sich in seinem eigenen Lernrhythmus die Inhalte aneignen, die im Lernprozess weiter vertieft werden.

Wissensform	**Ziele**	**Lernformate (in der Reihenfolge der Präferenz)**
Faktenwissen	Kennen / Verstehen	1. E-Learning 2. Online-Training 3. Präsenztraining
Erfahrungswissen	Verstehen / Anwenden	1. Informelles Lernen 2. Online-Training 3. Präsenztraining
Handlungswissen (Kompetenzen)	Anwenden	1. Präsenztraining 2. Online-Training 3. Informelles Lernen

Abb. 2.3 Wissensformen

Erfahrungswissen lässt sich am besten durch **informelles Lernen** austauschen. Auch in Live-Online-Trainings (bzw. -Meetings/-Workshops) können sich die Lerner zusammen mit dem Lernbegleiter über ihre Praxiserfahrungen austauschen, Best Practice teilen und neu aufgetretene Fragen klären.

Präsenztrainings sind und bleiben die Domäne für den Aufbau von Handlungswissen: Die Lerner können in Übungen und Fallbeispielen das Wissen anwenden und erhalten wertvolles Feedback – sofern es sich um „analoge" Kompetenzen handelt. Denn für den Aufbau „digitaler" Kompetenzen sind Online-Trainings viel besser geeignet. Dazu ein Beispiel: In vielen Vertriebsorganisationen wird das klassische Kundengespräch „vor Ort" durch „Online-Gespräche" ergänzt oder sogar ersetzt. Um die „vor Ort-Gespräche" zu trainieren, eignen sich hervorragend Präsenztrainings. Für das Üben der „Online-Gespräche" dagegen sind Online-Trainings wesentlich wirkungsvoller, da sie viel eher die tatsächliche (Online-)Praxis abbilden können. Es gilt natürlich auch das Gegenteil: Es ist wenig sinnvoll, analoge Kompetenzen digital trainieren zu wollen. **Der „Lern-Ort" sollte dem „Praxis-Ort" entsprechen:** Analoge Kompetenzen werden am besten in analogen Lernsettings aufgebaut, digitale Kompetenzen in digitalen. Das markiert auch deutlich die Grenze digitaler Lernarrangements!

Eng verknüpft mit der Auswahl der Lernformate nach Wissensformen ist die Möglichkeit, die Lernformate nach dem **Kenntnisstand der Lerner** auszuwählen. Präsenz- und Online-Trainings können flexibel für alle Kompetenzstufen eingesetzt werden. Interessant ist hier die Auswahl von E-Learning und informellem Lernen: E-Learning eignen sich für den Aufbau grundsätzlicher Wissensstrukturen und ist deshalb für den Einstieg in ein Thema ganz besonders gut geeignet. Die Lerner können sich einen ersten Überblick verschaffen und sich grundlegende Kenntnisse aneignen. Dagegen bieten viele Formen des informellen Lernens für Einsteiger häufig zu viele unsortierte Informationen. Wer sich als Nicht-ITler bei Softwareproblemen schon einmal durch die diversen IT-Blogs gekämpft hat, weiß, wovon wir sprechen. Die Möglichkeiten von informellem Lernen lassen sich am besten dann nutzen, wenn bereits eine „mentale Repräsentation" (Ericsson und Pool 2016, S. 204) des Themas beim Lerner besteht und er sich aus der Vielzahl an Informationen gezielt die heraussuchen kann, die für ihn wirklich relevant sind (◘ Abb. 2.4).

Neben diesen rein didaktischen Überlegungen spielen weitere Kriterien bei der Auswahl der Lernformate eine Rolle: Wie groß soll der **Aufwand** sein? Da die professionelle Produktion von E-Learning-Formaten meist sehr aufwendig ist, ist E-Learning

2

Abb. 2.4 Auswahl Lernformate nach Kenntnisstand der Lerner

nur ab einer bestimmten User-Zahl und Halbwertzeit des Wissens (wirtschaftlich) sinnvoll. Ebenso verhält es sich mit größeren Strukturen des informellen Lernens. Für die Implementierung eines umfassenden Enterprise Social Networks (ESN) können schon mal zwei Jahre und mehr ins Land gehen. Andererseits lassen sich die beiden Formen auch ohne großen Aufwand verwirklichen: E-Learning als mit dem Handy gefilmte Kurz-Videos (sogenannte „Insights") und informelles Lernen mit Twitter, Yammer oder WhatsApp.

Letztlich sind hier die Ergebnisse des **Technik-/Teilnehmer-Checks** relevant. Es ist wenig sinnvoll, didaktische Traumschlösser zu entwerfen, wenn die Realität eher einen robusten Pferdestall hergibt. Das betrifft auch – um in dem Bild zu bleiben – die Qualifikation des dazugehörigen Personals. Pferdeknechte sind nur bedingt gute Hofmeister. Die entsprechenden Trainer/Dozenten/Personalentwickler/Lernbegleiter müssen in der Lage sein, die neuen Lernformate kompetent anzuwenden.

Anleitung

Fünf Fragen zur Auswahl von Lernformaten:

- Was macht didaktisch Sinn?
- Was macht technisch Sinn?
- Was macht in Bezug auf Ressourcen Sinn?
- Was macht in Bezug auf die Lerner Sinn?
- Was macht in Bezug auf die Kultur im Unternehmen Sinn?
- Was macht in Bezug auf die Qualifikationen der beteiligten Trainer/Dozenten/Lernbegleiter Sinn?

Diese fünf Fragen gilt es individuell sorgfältig zu beantworten und die Antworten gegeneinander abzuwägen. So etwas wie einen „idealen Lernprozess" gibt es nicht, sondern es gibt nur Lernprozesse, die „am ehesten" zur jeweiligen Situation passen.

2.3.2 Lernformate methodisch verzahnen

Beispiel

Beispiel

Eine unserer ersten Blended-Learning-Erfahrungen als Lerner: In der Vorbereitung auf ein Präsenztraining zum Thema „Persönlichkeitsprofile" mussten wir uns zwei Stunden (!) durch ein vor allem aus PDFs bestehendes Web Based Training kämpfen. Umso größer war die Frustration, als der Trainer weder zu Beginn noch im Verlauf des Trainings auf die Inhalte des WBT Bezug nahm. Darauf angesprochen, gab der Trainer zu, das WBT sogar nur oberflächlich zu kennen: Es wurde vor kurzer Zeit „von der Zentrale standardmäßig als Pre-Work für alle Trainings eingeführt".

Diese Erfahrung ist leider nicht untypisch für viele BL-Prozesse: Die einzelnen Lernformate sind zwar durchaus inhaltlich sinnvoll, methodisch folgen sie aber mehr oder weniger unverbunden aufeinander. Spricht sich dann noch herum, dass der Trainer alle Inhalte aus dem E-Learning-Format sowieso im Präsenztraining wiederholt, sinkt auch die Bereitschaft vieler Lerner, es vorbereitend zu bearbeiten. Insbesondere für die formalen Lernformate gilt: Die einzelnen Lernformate müssen methodisch miteinander verzahnt werden. Es genügt eben nicht, nur ein (vielleicht zugekauftes, standardisiertes E-Learning) vor das Präsenztraining zu setzen. Um das Potenzial von Blended Learning ausschöpfen zu können, müssen die einzelnen Elemente vielmehr miteinander verzahnt werden. Diese Verzahnung kann über die Vorbereitung auf das folgende Modul, der Wiederholung und Vertiefung von Inhalten erfolgen (◘ Abb. 2.5).

Als methodische Elemente setzen wir gerne ein (am Beispiel eines Kommunikationstrainings):

- Beobachtungsaufgaben („Bitte sammeln Sie Beispiele für wertschätzende Kommunikation an Ihrem Arbeitsplatz.")
- Reflexionsaufgaben („Wann kommunizieren Sie erfolgreich und warum?")

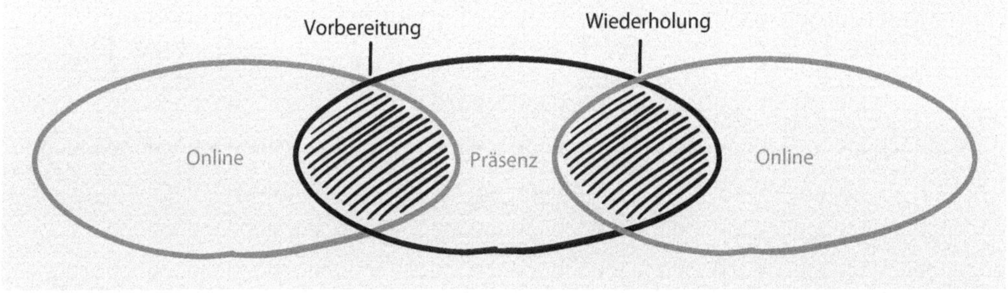

◘ **Abb. 2.5** Verzahnung

- Anwendungsaufgaben („Auf welche zwei Punkte wollen Sie bis zum nächsten Modul besonders achten?“)
- Vorbereitungsaufgabe („Bitte bereiten Sie bis zum nächsten Modul Gesprächssituationen aus Ihrem Arbeitsalltag vor.“)
- Vertiefungsaufgaben („Bitte gucken Sie sich noch einmal die Videoaufzeichnungen der Gespräche einmal ohne Ton und einmal mit Ton an.“)
- Wiederholungsaufgaben („Welche Erkenntnisse aus dem letzten Modul waren besonders hilfreich?“)

2.3.3 Vier Beispiele für Lernarchitekturen

- **Beispiel 1: Standard-Lernprozess (auf viele Themen anwendbar;** ◘ Abb. 2.6)

1. Online-Kick-off:
   - Kennenlernen von Lernern und Lernbegleiter
   - Überblick über den Lernprozess gewinnen
   - Erwartungen formulieren
   - Implementierung einer Lern-Community
   - Beobachtungsaufgabe als Vorbereitung für das kommende E-Learning
2. E-Learning
   - Vermittlung von Faktenwissen
   - Verknüpfung mit der Beobachtungsaufgabe
   - Wiederholung der Inhalte (z. B. mit einer Zuordnungsübung)
   - Reflexions- und Vorbereitungsaufgabe für das Präsenzmodul
3. Präsenztraining
   - Aufgreifen der Ergebnisse der Reflexionsaufgabe
   - Vertiefendes Lehrgespräch
   - Praxisübungen mit Feedback
   - Anwendungsaufgaben für die Praxisphase

◘ **Abb. 2.6** Standard-Lernprozess

4. Praxisphase
   - Anwendung und Reflexion des Gelernten
5. Online-Follow-up
   - Austausch von Erfahrungen (formal)
   - Vertiefung von Inhalten (formal)
6. Lern-Community (fortlaufend)
   - Austausch von Erfahrungen (informell)
   - Vertiefung von Inhalten (informell)

- **Beispiel 2: Lernprozess „Risikomanagement"** (Abb. 2.7)

Besonderheit: Nach der Vermittlung und dem Austausch in den Online-Trainings werden im Präsenztraining als Abschluss echte Praxisfälle bearbeitet.

- **Beispiel 3: Lernprozess SharePoint anwenden** (Abb. 2.8)

Besonderheit: Die Wissensvermittlung erfolgt über kurze Lernvideos, die auch nach Abschluss des Lernprozesses als Performance-Support zur Verfügung stehen. Die Online-Trainings dienen hauptsächlich zur Übung der digitalen Kompetenzen.

Abb. 2.7 Lernprozess Risikomanagement

Abb. 2.8 Lernprozess SharePoint sicher anwenden

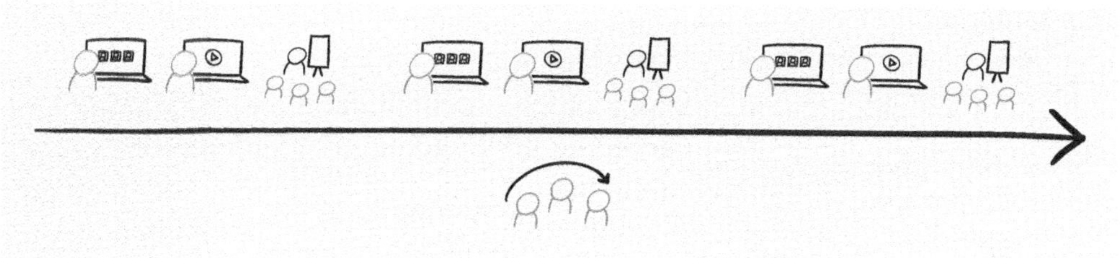

■ **Abb. 2.9** Lernprozess Lernbegleiter-Kompetenzen

- **Beispiel 4: Lernprozess „Ausbildung zum Lernbegleiter"** (■ Abb. 2.9)

Besonderheit: Da es bei der Ausbildung zum Lernbegleiter um analoge und digitale Kompetenzen geht, werden sowohl Online- als auch Präsenztrainings für vertiefende Praxisübungen genutzt. Daneben gibt es von Beginn an einen umfangreichen Ermöglichungsrahmen für informelles Lernen, der auch nach Abschluss der formalen Ausbildung zur Verfügung steht.

- **Handlungsempfehlungen für die Erstellung einer Lernarchitektur**

- Lassen Sie sich nicht von der Vielfalt der technischen Möglichkeiten „verführen" und setzen Sie die Priorität auf die Didaktik (Verführung durch Technik).
- Haben Sie aber auch den Mut, Neues zu wagen, und lassen Sie sich nicht durch Killerphrasen („Das klappt ja sowieso nicht!") entmutigen. Zeigen Sie stattdessen sachlich auf, welche Vorteile Ihre Lernarchitektur mit sich bringt (Verführung durch Tradition).
- Gehen Sie akribisch vor: Es ist mehr als ärgerlich, wenn Sie erst bei der Erstellung oder gar Durchführung merken, dass Sie wichtige Aspekte übersehen haben.
- Planen Sie ausreichend Zeit ein: Die Erstellung einer guten Lernarchitektur ist aufwendig, am Ende aber zahlt sich der Aufwand mehr als aus.

2.4 Erweiterung: Individualisierte (adaptive) Lernpfade

Bisher war vor allem von Lernprozessen die Rede: Diese zeichnen sich dadurch aus, dass es einen standardisierten Ablauf mit einem Anfang und einem Ende gibt. Die Prämisse, die Lernprozessen zugrunde liegt, ist, dass es für die Lerner sinnvoll ist, alle Abschnitte dieses Lernprozesses zu durchlaufen. In der Praxis wird eine solche Vorgehensweise aber nicht immer der Komplexität organisationalen Lernens gerecht. Denn je nach

Rolle und/oder Kompetenz der Lerner kann es unterschiedliche Ausgangs- und Endpunkte geben. Für solche Fälle bietet sich das Konzept der individualisierten Lernpfade an.

Die Grundidee ist, dass der Lerner einen aus verschiedenen Lernmodulen individualisierten Lernpfad beschreitet. Im Gegensatz zu klassischen BL-Prozessen weist das Konzept der Lernpfade eine größere Flexibilität auf. Mehr noch: Im Konzept der Lernpfade finden sowohl formale und geleitete Lernprozesse als auch informelle und selbstgesteuerte Lernformate ihren Platz. Das Konzept ist ein wenig vergleichbar mit einem Supermarkt: In den Regalen stehen viele unterschiedliche Lernformate (Lernmodule). Je nach Situation durchschreitet der Lerner mit vielen, mit wenig oder ohne Vorgaben den Markt und sucht sich entsprechende „Produkte" aus.

Aufgaben des Lernbegleiters sind auch hier die sorgfältige Bedarfserhebung und die Planung von möglichen Lernmodulen mit Zielen, Inhalten und ggf. Verzahnungen. Insofern stellt er einen Ermöglichungsrahmen zur Verfügung, innerhalb dessen Lernen auf vielfältige Art und Weise möglich ist. Hier ist der Lernbegleiter noch mehr als „Lernberater" gefragt: Zusammen mit dem Lerner sucht er den für dessen Anliegen besten Lernpfad aus (◘ Abb. 2.10).

Eine Lernpfad-Matrix nach Rollen wird häufig bei IT-Qualifizierungen eingesetzt. Nehmen wir als (vereinfachtes) Beispiel an, dass in einer Organisation ein neuer Prozess mit fünf Schritten eingeführt wurde. Rolle 1 erfordert, alle fünf Schritte zu beherrschen. Die erforderlichen Kompetenzen kann der Lerner in einem umfassenden WBT (M1) und einem vertiefenden Präsenztraining (M2) erwerben. Rolle 2 muss nur einen Schritt beherrschen, der in einem entsprechenden Learning Nugget (M3) vermittelt wird. In seiner täglichen Arbeit stellt sich allerdings heraus, dass auch Kenntnisse über einen weiteren Schritt hilfreich wären. Deswegen bearbeitet er auch Learning Nugget (M4) – wie auch Rolle 3, zu dessen Aufgabe es gehört, denselben Schritt zu beherrschen. Das Forum wird von allen Rollen genutzt (◘ Abb. 2.11).

Lernmodule	Rolle 1	Rolle 2	Rolle 3
M1: WBT			
M2: Präsenztraining			
M3: Learning Nugget			
M4: Learning Nugget			
M5: Forum			

◘ **Abb. 2.10** Lernpfade nach Rollen

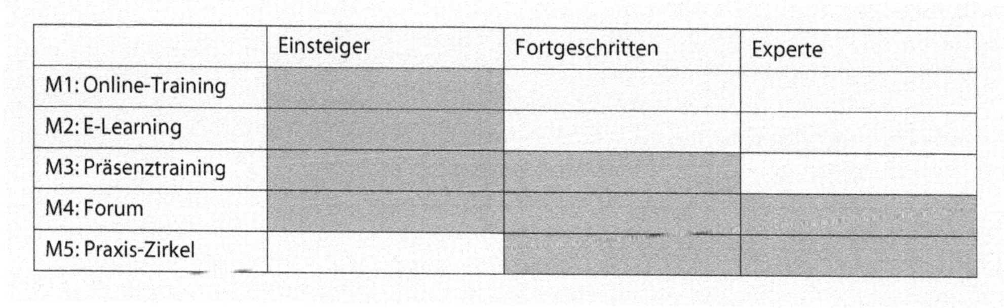

■ **Abb. 2.11** Lernpfade nach Kompetenzen

Ein (wieder vereinfachtes) Beispiel für Lernpfade nach Kompetenzen ist die Führungskräfteentwicklung in einer Organisation: Der Einsteiger baut mit M1–M3 zunächst die Grundlagen auf. Der Fortgeschrittene nutzt M3 zur vertiefenden Reflexion und Übung. Das Forum dient dem allgemeinen Austausch aller. Und in kleineren Praxis-Zirkeln können Fortgeschrittene und Experten gemeinsam spezielle Themen bearbeiten.

2.5 Planung und Umsetzung formaler Lernformate: Der Lerndiamant

Nach der Grobplanung erfolgt die Feinplanung der einzelnen Lernformate. Die Feinplanung für formale Lernformate besteht aus den in ■ Abb. 2.12 dargestellten Schritten.

Die Schritte „Feinlernziele" und „Inhalte sammeln und reduzieren" folgen im Kleinen der gleichen Logik wie die entsprechenden Schritte in der Grobplanung. Für den Schritt „Aufbau planen und Methoden zuordnen" hat sich in der Praxis das Modell des Lerndiamanten als hilfreich erwiesen. Wissenschaftliche Hintergründe dieses Modells sind die Lern- und Instruktionspsychologie sowie die Gestaltpsychologie. Es kann gleichermaßen auf die Planung der Struktur von Präsenz- und Online-Trainings sowie (in etwas modifizierter Form) auch von E-Learning angewendet werden. Auf die Besonderheiten der Lerndiamanten bei den jeweiligen Lernformaten wird in den entsprechenden Kapiteln näher eingegangen. Hier geht es zunächst einmal um einen groben Überblick. Der Lerndiamant[1] enthält immer die in ■ Abb. 2.13 dargestellten Phasen.

1 Die Idee, Veranstaltungen in einer solchen grafischen Form darzustellen, stammt von Redlich (1997).

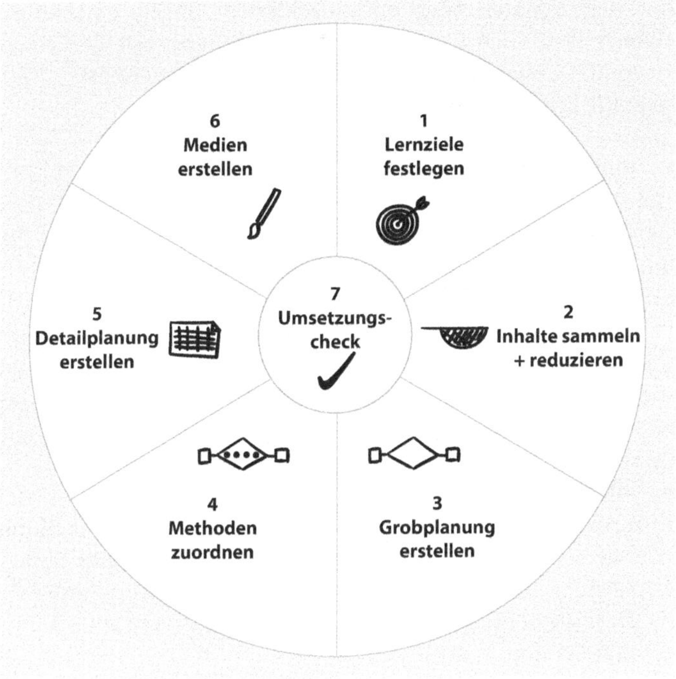

Abb. 2.12 Planung formaler Lernformate

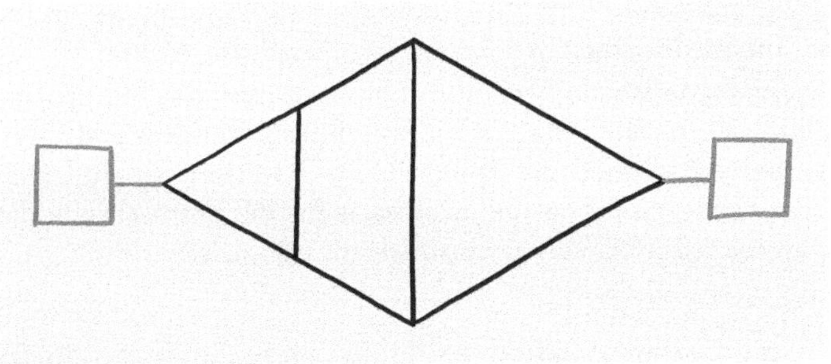

Abb. 2.13 Lerndiamant

▪ Orientierung

In der Orientierungsphase wird dem Lerner ein Überblick über Ziele, Inhalte, Ablauf und Organisation des Lernformats gegeben. Auch Aspekte des Kennenlernens, der technischen Handhabung und der eigenen Erwartungen sowie Ziele finden hier ihren Platz. Ziel ist, dass der Lerner Sicherheit gewinnt und er sich anschließend voll und ganz auf die inhaltlichen Themen konzentrieren kann. Leider wird diese Phase unserer Erfahrung nach in der Praxis gerne verkürzt oder gar übersprungen. Dann kann es passieren, dass der Lerner sich statt mit den Inhalten eher mit ungeklärten Fragen beschäftigt: „Woher kenne ich eigentlich die Teilnehmerin mit den roten Haaren?“; „Wie funktioniert hier eigentlich der Chat?“; „Wer sieht die Ergebnisse des Web Bases Trainings?“

- **Hinführung**

Die Hinführung dient dem Zweck, den Lerner „abzuholen“: Ihm soll klar werden, warum das nachfolgende Thema relevant für ihn ist und an welches Vorwissen und an welche Erfahrungen es anknüpft. Das steigert Motivation, Aufmerksamkeit und Aufnahmefähigkeit. Auch hier: Wird dieser Schritt vernachlässigt und gleich „ins Thema gesprungen“, muss der Lerner erst einmal für sich die Inhalte einsortieren und Verknüpfungen finden. Das lenkt wieder vom eigentlichen Thema ab.

- **Inhalte erschließen**

In formalen Lernsettings geht es immer um die Erschließung von neuen Inhalten. Das kann letztlich auf folgende Arten erfolgen:

- Der Lerner bekommt die Inhalte präsentiert/gezeigt (z. B. Präsentation, Video).
- Der Lerner interagiert mit dem Trainer und beide erschließen gemeinsam die Inhalte (z. B. Lehrgespräch).
- Die Lerner erarbeiten sich die Inhalte in einem vom Trainer vorbereiteten Lernszenario (z. B. Lerninseln).

- **Inhalte verarbeiten**

Diese Phase ist die wichtigste Phase, da erst hier Lernen im eigentlichen Sinn stattfindet. Vereinfacht ausgedrückt: Der Lerner verarbeitet die Inhalte und integriert sie in seine bestehende mentale Struktur. Je nach Art des Lernziels fällt die Verarbeitungsform unterschiedlich aus (◘ Tab. 2.1).

◘ Tab. 2.1 Lernzielebene und Verarbeitungsform

Lernzielebene	Verarbeitungsform
Kennen	Wiederholen (z. B. durch Quiz)
Verstehen	Reflektieren (z. B. durch Verarbeitungsfragen)
Anwenden	Üben (z. B. durch Rollenspiele)

Der Lerndiamant eignet sich gleichermaßen für den Aufbau von Präsenztrainings, Online-Trainings und E-Learning-Formaten. Die Lernformate unterscheiden sich jedoch deutlich hinsichtlich der Frage, **wie** die Phasen konkret ausgestaltet werden können. Es ist offensichtlich, dass es für Präsenztraining,

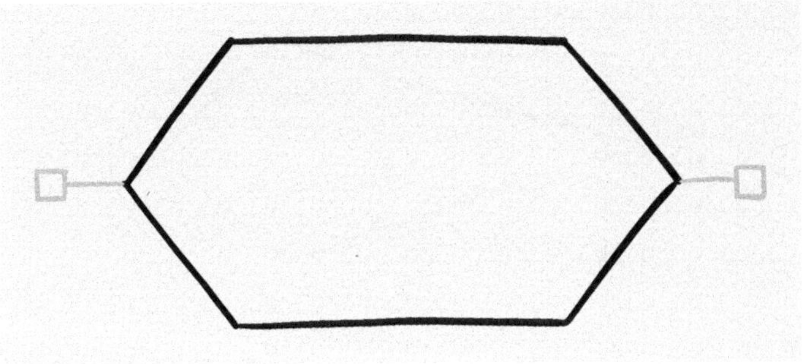

Abb. 2.14 Lerndiamant Vorlesung

Online-Training und E-Learning höchst unterschiedliche **Methoden** gibt, die in den jeweils anderen Formaten oft gar nicht durchführbar sind. Mit wem sollte der Lerner bei der Bearbeitung eines E-Learning Formats ein „Lehrgespräch" führen? Hinweise, welche Methoden sich bei den unterschiedlichen Lernformaten den Phasen des Lerndiamanten zuordnen lassen, finden sich in den jeweiligen Kapiteln.

Mit dem Modell des Lerndiamantenlassen sich sehr schön die unterschiedlichen Arten des Aufbaus von Lernformaten verdeutlichen. Abb. 2.14 zeigt einige Beispiele.

Der Lerndiamant Abb. 2.14 ähnelt mehr der Form „Vorlesung". Überspitzt formuliert: Es finden kaum eine Orientierung und Einleitung und auch kein Verarbeiten statt. Der Schwerpunkt liegt auf der Vermittlung von Inhalten durch Präsentationen. Hier ist es sehr wahrscheinlich, dass die Lerner schlichtweg überfordert sind: Sie finden keinen Zugang zu den Inhalten, weil ihnen die Relevanz des Themas nicht klar wird. Durch die große vermittelte Stoffmenge droht der „Input-Overload" und durch die fehlende Möglichkeit der Verarbeitung werden die Inhalte sehr schnell wieder vergessen (wenn sie überhaupt im Langzeitgedächtnis ankommen). Dass die Lerner hier überhaupt ein Lernziel erreichen können, ist eher fraglich – wenn, dann könnte man allenfalls sagen, dass die Lerner die Inhalte „gehört" haben. Ob für ein solches Lernergebnis allerdings Zeit und Geld investiert werden sollte, darf bezweifelt werden. Leider sind Tagungshotels, Trainingscenter und Hörsäle nach wie vor voll mit Veranstaltungen, die genau dieser Struktur folgen. Auch bei vielen, schlecht gestalteten Online-Trainings, Webinaren und E-Learning Formaten findet sich eine solche Struktur (Abb. 2.15).

Auch bei dem Lerndiamenten Abb. 2.15 liegt der Schwerpunkt auf der Phase „Inhalte erschließen". Anders als bei der „Vorlesung" werden die anderen Phasen jedoch nicht vernachlässigt. Ein solcher Aufbau ist typisch für die

2

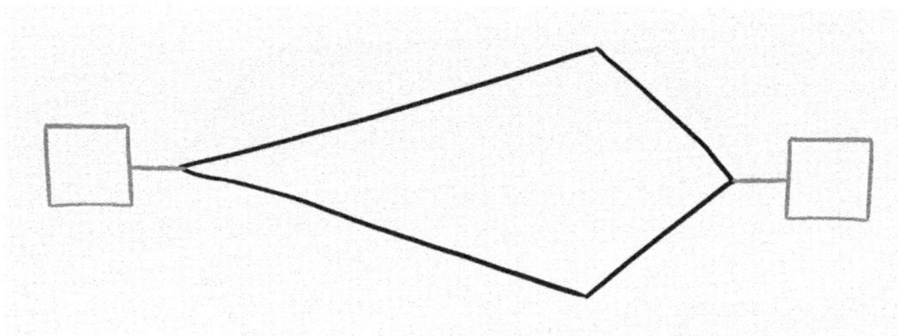

Abb. 2.15 Lerndiamant Inhalte verarbeiten kurz

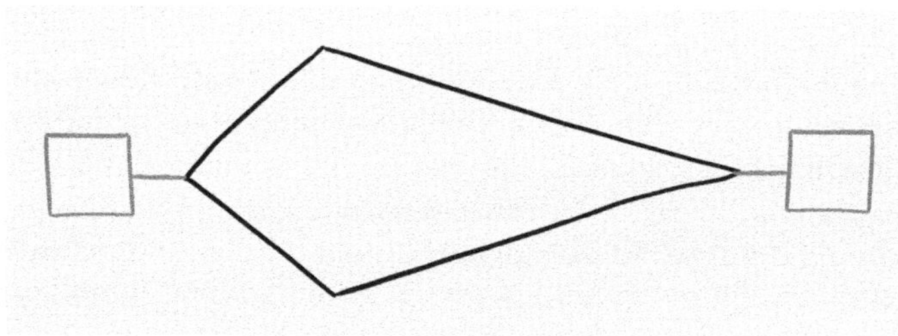

Abb. 2.16 Lerndiamant Inhalte verarbeiten lang

Lernzielebene „Kennen“ und findet sich insofern oft bei E-Learning-Formaten wieder (Abb. 2.16).

Bei dem Lerndiamant Abb. 2.16 liegt der Schwerpunkt auf „Inhalte verarbeiten“. Nach einer kurzen Vermittlung oder auch Wiederholung von Inhalten geht es um Üben und Ausprobieren. Insofern zielt ein solcher Aufbau klar auf die Lernzielebene „Anwenden“ (Abb. 2.17).

Die Realität ist oft komplizierter: Selten geht es bei den Lernformaten ja nur um einen Inhalt, sondern oft um mehrere, aufeinander aufbauende Lerneinheiten. Das soll Lerndiamant Abb. 2.17 abbilden. Nehmen wir an, es handelt sich um ein Konflikttraining mit dem Lernziel: „Die Teilnehmer können

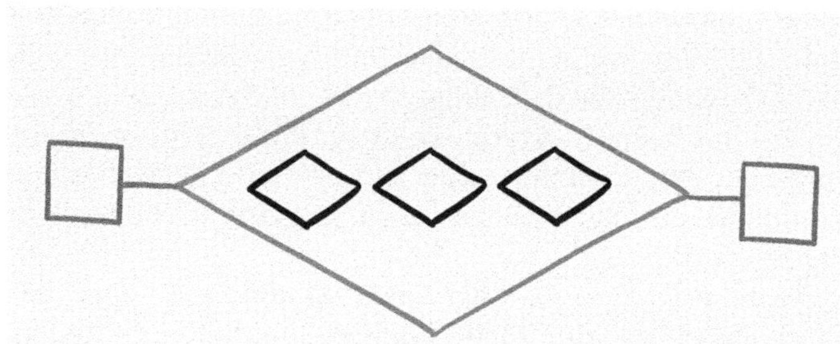

Abb. 2.17 Lerndiamant mit kleinen Rauten

Konfliktgespräche führen". Dann könnte der Aufbau wie folgt aussehen: Raute 1 weist als Feinlernziel auf: „Die Lerner verstehen unterschiedliche Strategien, um ein Konfliktgespräch zu führen", Raute 2 + 3 können als Ziel haben: „Die Teilnehmer können einzelne Gesprächstechniken einsetzen (Fragen stellen, Deeskalationstechniken etc.)". Die vierte abschließende Raute kann die Zusammenfassung der vorherigen Rauten beinhalten und das Ziel „Die Teilnehmer können ein Konfliktgespräch führen" mit einem umfassenden Rollenspiel verfolgen.

2.6 „Planung" und Umsetzung informeller Lernformate: Der Lernrahmen

Für die Planung informeller Lernformate eignet sich der Lerndiamant hingegen nicht; hier werden keine Lernziele gesetzt und auch keine Inhalte definiert. Vielmehr ist der Lerner für die Gestaltung seines Lernprozesses selbst verantwortlich. Lässt sich informelles Lernen dann aber überhaupt planen? Gehört es nicht zur Natur informellen Lernens, dass es eben nicht geplant und strukturiert erfolgt? Denn wenn es geplant wird – wird aus dem informellen Lernen dann nicht doch wieder formales Lernen?

Ob und wie informelles Lernen stattfindet, lässt sich tatsächlich nicht planen. Jedoch ist es im Rahmen einer Lernarchitektur nicht nur möglich, sondern auch notwendig, über günstige Rahmenbedingungen für informelles Lernen nachzudenken. Wir sprechen hier – im Gegensatz zum „Lerndiamanten" – vom „Lernrahmen". Der Lernrahmen kann sowohl für die Analyse als auch für die Planung eingesetzt werden. Jede Seite des Lernrahmens bezieht sich auf eine andere Dimension informellen Lernens (◘ Abb. 2.18).

▪ Performance

Die Einführung informeller Lernformate ist kein Selbstzweck, sondern orientiert sich genauso wie formales Lernen an übergeordneten Performance-Zielen. Deswegen ist die Frage nach den Performance-Zielen, und den damit verbundenen angestrebten Lernergebnissen, die erste und grundlegendste Frage bei der Einführung informeller Lernformate.

- Welchen Nutzen bringt das Lernformat der Organisation?
- Welchen Nutzen bringt das Lernformat dem Lerner?

▪ Lerner

Die Seite „Lerner" betrachtet die subjektiven Voraussetzungen des informellen Lernens. Informelles Lernen stellt zum Teil hohe Anforderungen an den Lerner. Zwar lernen wir schon immer „irgendwie" informell – das ist ja gerade eine der

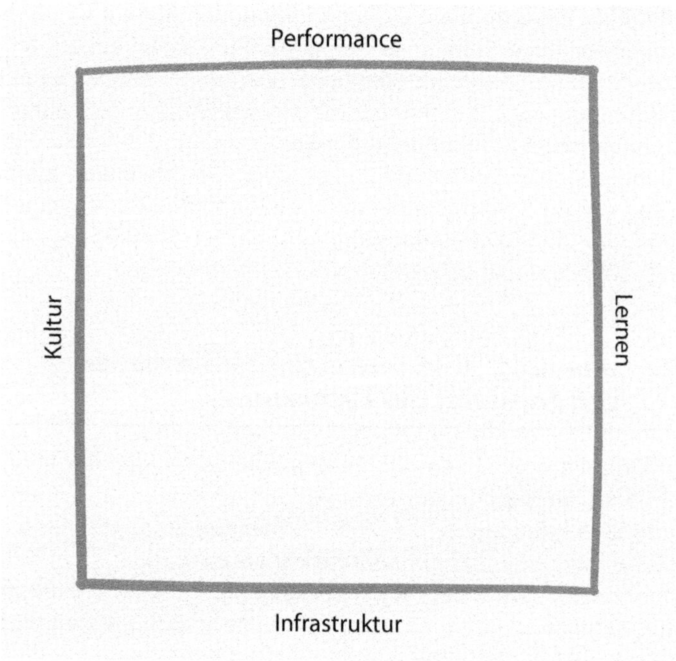

Abb. 2.18 Lernrahmen

Kernaussagen des 70-20-10-Modells, aber die (erfolgreiche) Nutzung informeller Lernformate erfordert diverse Kompetenzen:

- Selbstlernkompetenz: Ziele setzen, den eigenen Lernprozess organisieren, Fähigkeit zur Selbstreflexion
- Informationskompetenz: Recherche, Auswahl und Verarbeitung von Inhalten
- Medienkompetenz: Auswahl und Nutzung unterschiedlicher – insbesondere digitaler – Medien und Technik

Kultur

Die Seite „Kultur“ bezieht sich auf die organisationalen Voraussetzungen informellen Lernens. In jeder Organisation wird informell gelernt. Die Frage ist, ob die jeweilige Kultur das Lernen eher befördert oder erschwert. So werden in einem Klima der Zusammenarbeit und des Vertrauens die Mitarbeiter viel eher bereit sein, Lernbedarf zu kommunizieren oder auch ihr Wissen zu teilen. Bestimmen dagegen Konkurrenz und Misstrauen die Kultur, werden Mitarbeiter eher nicht einräumen, dass sie Lernbedarf haben oder gar einen Fehler gemacht haben. Auch werden sie viel seltener bereit sein, ihr „wertvolles“ Wissen zu teilen – vergrößert es doch ihre Bedeutung und Macht innerhalb der Organisation. Weitere hilfreiche Fragen sind:

- Welche Feedbackkultur herrscht in der Organisation?
- Welche Freiräume haben die Mitarbeiter für Lernen?
- Wie unterstützen die Führungskräfte den Lernprozess?

- **Infrastruktur**

Häufig wird beim Thema informelles Lernen schnell an die entsprechenden medialen und technischen Lösungen gedacht. Die Seite „Infrastruktur" bezieht sich auf die Frage nach der konkreten Ausgestaltung des Lernformats. Wie im Bild des Lernrahmens deutlich wird, ist es aber eben nur eine von vier Seiten. Wichtige Punkte sind:

- Welche technischen und organisatorischen Anforderungen hat das Lernformat?
- Wie lässt sich die „Usability" sicherstellen?
- Welche Medien und Gestaltungselemente sollen wie eingesetzt werden?

Bei der Planung informeller Lernformate ist es wichtig, alle vier Seiten gleichermaßen zu berücksichtigen. Fehlt eine Seite oder wird sie zu wenig bedacht, kann die erfolgreiche Nutzung stark eingeschränkt sein oder findet erst gar nicht statt.

Beispiel

Beispiel

Nehmen wir – als vereinfachendes Beispiel – an, in einem Unternehmen existiert eine SharePoint-Seite zum Thema „Kundenmanagement". Hier können die Mitarbeiter Informationen in Form von Dokumenten und kurzen Videos finden, sich mit anderen per Chat austauschen oder auch eigenen Content posten. Bezogen auf den Lernrahmen ergeben sich folgende Herausforderungen (■ Abb. 2.19):

Performance:

- Ist eine Verbesserung des Kundenmanagements als strategisches Ziel im Unternehmen klar kommuniziert?
- Wird dieses Ziel von den Führungskräften auch nachgehalten?
- Hat der einzelne Mitarbeiter einen Nutzen davon, wenn er sein Kundenmanagement verbessert?

Lerner

- Kann der Mitarbeiter einschätzen, wie fit er ist und was er zur Weiterentwicklung des Kundenmanagements braucht?
- Kann er die für seinen Kenntnisstand wichtigen Informationen selektieren und für sich verarbeiten?
- Weiß er, wie er in einem Chat kommunizieren oder eigene Kurzvideos drehen kann?

2

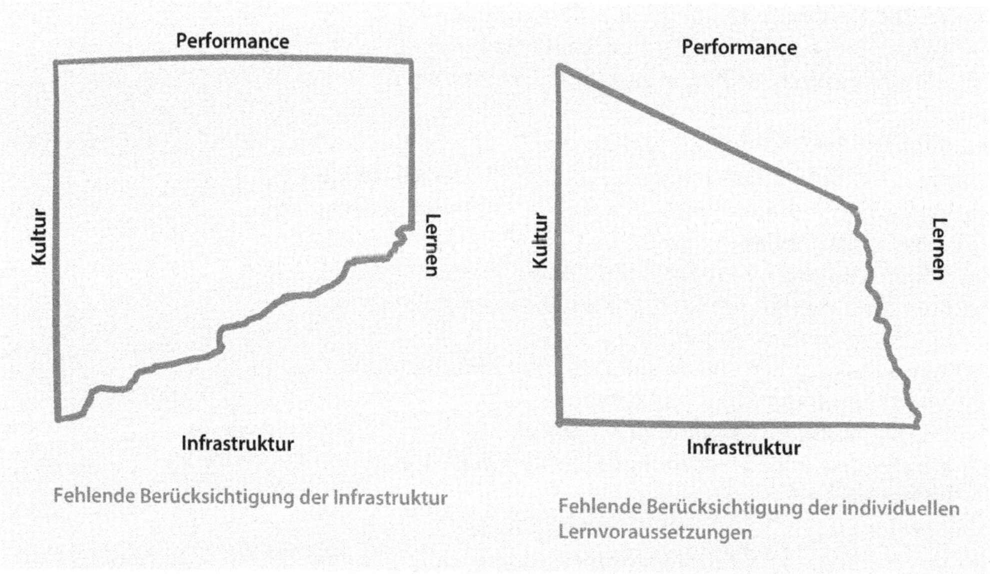

Abb. 2.19 Fehlende Berücksichtigung von einer oder mehrerer Seiten des Lern-Rahmens

Kultur
- Traut sich der Mitarbeiter, öffentlich eine Frage zu stellen (und damit einzuräumen, dass er etwas nicht weiß/kann)?
- Gibt es einen ruhigen Rückzugsort, um sich z. B. entsprechend Videos ansehen zu können?
- Wie wird es von den Kollegen/Führungskräften aufgenommen, wenn man sich Zeit für Lernen nimmt? Wird er z. B. schief angesehen, wenn er „schon wieder" etwas auf dem SharePoint postet und „nicht seine Arbeit" macht?

Infrastruktur
- Weiß der Mitarbeiter überhaupt, dass die Seite existiert?
- Wenn er es weiß: Kennt er den Weg, um auf die Seite zu gelangen?
- Erlauben die Sicherheitsstandards das einfache Posten von Beiträgen und Inhalten?
- Ist die Gestaltung der Seite übersichtlich und intuitiv bedienbar?
- Ist das Design ansprechend und zweckdienlich?

2.7 Umsetzungs-Check (fortlaufend)

Die Erstellung einer Lernarchitektur braucht Zeit. Da kann es schon einmal vorkommen, dass gerade in der Feinplanung mit den vielen Detailfragen der Blick auf das „große Ganze" verloren geht. Deswegen empfehlen wir einen fortlaufenden

„Umsetzungs-Check". Er dient dazu, immer wieder zu überprüfen, ob die Lernarchitektur als Ganzes noch auf „Kurs" ist: Bedarfe können sich ändern, anfängliche Hypothesen können sich als nicht zutreffend erweisen oder es tauchen schlicht neue Aspekte auf, die bedeutsam für die Lernarchitektur sind. Fragen für den Umsetzungs-Check können sein:

- Passen die erhobenen Bedarfe und Performance-Ziele weiterhin?
- Passt das Konzept zur Lernkultur?
- Passt das Konzept zu den technischen und organisatorischen Möglichkeiten?
- Passt das Konzept zu den Vorstellungen des Betriebsrats und des Sicherheitsbeauftragten?
- Passt das Konzept zu den Bedürfnissen und Gewohnheiten der Lernenden?
- Passt das Konzept zur Qualifikation der Lehrenden?
- Passt das Konzept zu den zur Verfügung stehenden Ressourcen?
- Passt die Strategie zur Einführung, Umsetzung und Nutzung weiterhin?

Vielleicht muss es nicht gleich „Scrum" oder „Design Thinking" sein: ein **„agiles"** Vorgehen eignet sich bei der Komplexität von Lernarchitekturen aber allemal. Das heißt, die Erstellung einer Lernarchitektur selbst sollte als Lernprozess begriffen und z. B. durch Prototyping frühzeitig notwendige Anpassungen vorgenommen werden. Gerade die Einführung digitaler Lernformate mit all ihren technischen und organisatorischen Herausforderungen steigert die Komplexität von Lernarchitekturen enorm und durchkreuzt so manche „Wasserfalllogik" (vgl. Allen 2014).

Wie funktioniert Lernen? – Eine „REWÜ"

Die Lehr-Lern-Forschung boomt. Hirnforschung, Psychologie und Pädagogik erbringen fortlaufend neue Erkenntnisse darüber, wie Lehren und Lernen funktioniert. Hier kann es freilich nicht darum gehen, diese Ergebnisse umfassend darzustellen und zu diskutieren. Vielmehr wollen wir uns darauf beschränken, einige wenige, aber für die Gestaltung und Durchführung von Lernprozessen überaus wichtige und – wie wir finden – hilfreiche Punkte zu beleuchten. Wir haben die Punkte in einer „REWÜ" zusammengefasst (vgl. Medina 2014).

Relevanz

Lernen muss für den Lerner sinnvoll sein. „Das Gehirn lernt nur das, was es als bedeutsam ansieht" (Hüther 2016, S. 134). Bedeutsam ist alles, was dem Lerner nützlich erscheint – insbesondere nützlich für die Bewältigung praktischer Aufgaben des (beruflichen) Alltags. Fehlt diese Relevanz, findet der Lerner keine Antwort auf die Frage „warum" er etwas lernen soll, wird er eher den Lernprozess als „unsinnig" bewerten und wahrscheinlich versuchen, ihm ganz fern zu bleiben. Denn weiß der Lerner nicht, wofür er die Inhalte gebrauchen kann, sind alle noch so aufwendig designten, multimedialen Lernangebote oder außergewöhnlichen Trainingssettings letztlich nur ein Strohfeuer. Hilfreich dagegen ist, wenn die neuen Inhalte anschlussfähig an die Vorerfahrungen des Lerners sind (vgl. Siebert 2012, S. 26 f.). Eine bedeutsame Funktion hat hier der Hippocampus, eine Struktur des limbischen Systems des Gehirns (vgl. Korte 2014, S. 112 f.). Aufgabe des Hippocampus ist es, zu entscheiden, welche Informationen vom Arbeitsgedächtnis in das Langzeitgedächtnis wandern. Man könnte den Hippocampus auch als den „Türsteher" im Gehirn bezeichnen: „Rein kommt", was sich als relevant darstellt, alles andere muss „draußen bleiben". Diesen Türsteher zu überzeugen, ist eine der wichtigsten Aufgaben bei der Gestaltung und Durchführung von Lernprozessen.

Emotionen

1995 veröffentlichte der Neurowissenschaftler Antonio R. Damasio sein bahnbrechendes Buch „Descartes' Irrtum. Fühlen, Denken und das menschliche Gehirn". Seine Hauptthese: Fühlen und Denken hängen untrennbar zusammen. In der Folge wurde in zahlreichen Studien die überragende Bedeutung von Emotionen auch und gerade für das Lernen bestätigt. So formuliert Siebert in Bezug auf die Kompetenzentwicklung: „Kompetenzen sind nur dann nachhaltig, dauerhaft und effektiv, wenn sie emotional ‚gespurt' sind" (Siebert 2012, S. 46). Erpenbeck et al. sprechen gar von einem „entscheidenden Paradigmenwechsel" der „zu einem grundsätzlich geänderten Verständnis des menschlichen Lernens (führt)" (Erpenbeck und Sauter 2016, S. 160 f.). Wir sind eben keine Computer, die Informationen einfach auf einer Festplatte abspeichern, sondern Lernen findet immer unter emotionaler Beteiligung statt. Die Frage ist nur, welche Emotionen beteiligt sind. Emotionen wie Angst, Scham und Misstrauen wirken sich negativ aus, dagegen beeinflussen Begeisterung, Freude, Sicherheit und Vertrauen das Lernen positiv. Das hat weitreichende Konsequenzen für die Gestaltung von Lernprozessen. Die entscheidende Frage ist hier, wie ein Rahmen gestaltet werden kann, in dem positive Emotionen eher möglich sind als negative.

Wenige Inhalte

Unsere Aufmerksamkeitsspanne und -kapazität ist weitaus geringer, als häufig bei der Vermittlung von Inhalten vorausgesetzt wird. Schon 1956 hat Miller die „magische Zahl 7" beschrieben (vgl. Miller 1956). Dies besagt, dass sich unser Arbeitsgedächtnis maximal 7 ($\pm$ 2) Informationseinheiten merken kann. Zwar kann man durch die Bildung von „Chunks" die Einheiten verdichten und sich so insgesamt mehr Informationen merken (Man kann sich die Zahlen 14092017 einzeln merken oder sie zu einem Chunk bündeln, indem man sich ein Datum merkt: 14.09.2017). Oft wird z. B. gerade bei Präsentationen mit PowerPoint die Zahl 7 hoffnungslos überschritten. Die Folien sind einfach viel zu voll. Ernüchternd fällt auch der Blick auf die Aufmerksamkeitsspanne aus. Bereits seit Langem ist für die Gestaltung von Vorträgen und Präsentationen die „20-Minuten-Regel" bekannt (Döring und Ritter-Mamczek 2001, S. 61). Die besagt, dass nach spätestens(!) 20 min die Aufmerksamkeit der Zuhörer extrem abnimmt. Folgt dann kein Aktivitätswechsel, z. B. in Form von Reflexionsrunden, „schalten die Teilnehmer ab". Aufgrund der erhöhten Ablenkbarkeit reduziert sich bei Online-Veranstaltungen die Zeitspanne sogar auf drei bis sieben Minuten. Ähnlich verhält es sich bei E-Learning-Formaten, wo sich Kurzvideos von maximal fünf Minuten Länge als bevorzugtes Format etablieren.

Üben

Schon im alten Rom wusste man: „Repitio est mater studiorum" – Die Wiederholung ist die Mutter des Lernens. Leider ist diese alte Weisheit in der betrieblichen Weiterbildung über weite Strecken in Vergessenheit geraten. Hier herrscht oft die illusorische Annahme vor, dass allein das Hören eines Inhalts ausreicht, um diesen auch umsetzen und anwenden zu können. Ohne ausreichende Wiederholung und Übung findet allenfalls „Bulimielernen" statt, mit Kompetenzentwicklung hat das wenig zu tun (vgl. Erpenbeck und Sauter 2016, S. 47 f.). Denn erst durch „den üblichen Kreislauf aus Versuch, Scheitern, Feedback, erneutem Versuch und so weiter gelingt es … mentale Repräsentationen zu erschaffen" (Ericsson und Pool 2016, S. 344). Gerald Hüther fasst die damit einhergehenden neurophysiologischen Prozesse in folgendem Bild zusammen: „Aus den anfänglich noch sehr schwachen Verknüpfungen werden, je häufiger ein Problem auf die gleiche Art und Weise gelöst wird, allmählich immer besser nutzbare Nervenwege, dann

Straßen und am Ende sogar Autobahnen" (Hüther 2016, S. 214).
„REWÜ" liegt als wissenschaftliche Grundlagen die Überlegungen zur Gestaltung von Lernprozessen zugrunde. Dabei dürfen die einzelnen Punkte freilich nicht isoliert verstanden werden, sondern weisen vielfältige Bezüge auf: Erkennt der Lerner etwa, dass er „endlich" die Lösung eines seiner Probleme erlernt hat, so wird das sicherlich von positiven Emotionen begleitet werden. Dies setzt wiederum voraus, dass er die Relevanz überhaupt erkennen kann und sie nicht durch eine Unmenge an Informationen verstellt ist. Und kann er schließlich diese neueren Fähigkeiten in einer angstfreien Lernatmosphäre üben und festigen, steigt die Wahrscheinlichkeit enorm, dass sich echte Lernerfolge einstellen.

Literatur

Allen, M. W. (2014). SAM: A practical, agile alternative to ADDIE. In E. Biech (Hrsg.), *ASTD Handbook: The definitive reference for training & development* (S. 201–218). Alexandria: Association for Talent Development.

Arnold, R., & Schüssler, I. (1998). *Wandel der Lernkulturen: Ideen und Bausteine für ein lebendiges Lernen.* Wien: Wissenschaftliche Buchgesellschaft.

Arnold, R., Krämer-Stürzl, A., & Siebert, H. (1999). *Dozentenleitfaden: Planung und Unterrichtsvorbereitung in Fortbildung und Erwachsenenbildung.* Berlin: Cornelsen.

Bloom, B. S. (Hrsg.). (1972). *Taxonomie von Lernzielen im kognitiven Bereich* (4. Aufl.). Weinheim: Beltz.

Damasio, Antonio R. (2004). *Descartes' Irrtum: Fühlen, Denken und das menschliche Gehirn.* Berlin: List.

Döring, K. W., & Ritter-Mamczek, B. (2001). *Lehren und Trainieren in der Weiterbildung: Ein praxisorientierter Leitfaden.* Weinheim: Dt. Studien-Verlag.

Ericsson, K. A., & Pool, R. (2016). *Top: Die neue Wissenschaft vom Lernen.* München: Pattloch.

Erpenbeck, J., & Sauter, W. (2016). *Stoppt die Kompetenzkatastrophe! Wege in eine neue Bildungswelt.* Berlin: Springer.

Hüther, G. (2016). *Mit Freude lernen – Ein Leben lang: Weshalb wir ein neues Verständnis vom Lernen brauchen. Sieben Thesen zu einem erweiterten Lernbegriff und eine Auswahl von Beiträgen zur Untermauerung.* Göttingen: Vandenhoeck & Ruprecht.

Korte, M. (2014). *Jung im Kopf: Erstaunliche Einsichten der Gehirnforschung in das Älterwerden* (2. Aufl.). München: DVA.

Kirkpatrick, J. D., & Kirkpatrick, W. K. (2016). *Kirkpatrick's four levels of training evaluation.* Alexandria: Association for Talent Development.

Medina, J. (2014). *Brain rules (updated and expanded): 12 principles for surviving and thriving at work, home, and school.* Seattle: Pear Press.

Miller, G. A. (1956). The magical number 7, plus or minus two: Some limits on our capacity for processing information. *Psychological Review, 63,* 81–97.

Redlich, A. (1997). *Konfliktmoderation.* Hamburg: Windmühle.

Sauter, W., & Sauter, S. (2013). *Workplace Learning: Integrierte Kompetenzentwicklung mit kooperativen und kollaborativen Lernsystemen.* Berlin: Springer.

Siebert, H. (2012). *Lernen und Bildung Erwachsener.* Bielefeld: W. Bertelsmann Verlag.

Willmore, J. (2016). *Performance basics* (2. Aufl.). Alexandria: ATD Press.

Präsenztraining im Blended Learning

J. Sammet, J. Wolf, *Vom Trainer zum agilen Lernbegleiter*,
https://doi.org/10.1007/978-3-662-58510-8_3

Glaubt man manchen radikalen Apologeten digitalen Lernens, werden Präsenztrainings bald „aussterben" und vollständig durch digitale Lernformate ersetzt werden. Diese Ansicht teilen wir nicht. Wir sind davon überzeugt, dass Präsenztrainings auch zukünftig für den Aufbau analoger Handlungskompetenzen unabdingbar sind.

Eine weitere, grundlegendere Perspektive formuliert der Philosoph Hartmut Rosa (2016). Für ihn zeichnen sich gelungene Lernprozesse immer auch durch das Erleben von **„Resonanz"** aus: „Wenn sich eine Resonanzbeziehung einstellt oder ausbildet, beginnt der ‚Draht' zu glühen, die Augen leuchten. (…) Etwas ergreift uns und bewegt uns, wir haben einen Kontakt zu diesem anderen." (Rosa und Endres 2016, S. 126). Das ist nichts Religiöses oder gar Esoterisches, sondern Resonanzerfahrung kennt jeder. Einfaches Beispiel: Stellen Sie sich vor, Sie besuchen ein Konzert oder Fußballspiel „live vor Ort" oder Sie sehen sich dasselbe Konzert oder Fußballspiel alleine zu Hause im Fernsehen an. Wo erleben Sie mehr Resonanz? Resonanzerleben ist immer auch ein räumliches und körperliches Phänomen (vgl. ebd., S. 20). Deswegen eignen sich Präsenztrainings besonders gut, um den „Draht zum Glühen zu bringen". Umgekehrt ist die digitale Vermittlung nicht unbedingt der bevorzugte Weg, um Resonanz zu erzeugen. Digitale Formate können oft schön sein, die hohe Kunst ist, sie zum „Sprechen" zu bringen (Rosa 2016a, S. 609). Interessanterweise findet sich das Phänomen von Präsenz und Resonanz auch und gerade im Zentrum der Digitalisierung wieder. Viele „agile" Methoden bauen gerade nicht auf digitale Techniken auf, sondern sind sehr analog und erlebnisorientiert (Rosa würde sagen: auf das Erleben von Resonanz ausgerichtet). So ist etwa eines der wichtigsten Elemente von Scrum der sogenannte Sprint: Hier arbeitet ein Team konzentriert und ohne Störungen von außen zusammen in einem Raum (und unter Verwendung sehr „analoger" Post-its) – wohl auch in der Hoffnung, dass der „Draht zu glühen beginnt".

Das Resonanzthema verdeutlicht: Präsenzveranstaltungen sind „Social Learning" in seiner tiefsten Form. Gleichzeitig ist die Kritik an Einsatz, Dauer und Form vieler Präsenztrainings mehr als berechtigt. In der Learning Revolution braucht bald niemand mehr Präsenztrainings, in denen durch einen dozierenden Trainer Standardinhalte vermittelt werden. Präsenztrainings werden weniger, da reine Wissensvermittlung besser und kostengünstiger durch andere Lernformate möglich wird. Umso wichtiger wird es jedoch, Präsenztrainings für den Zweck zu nutzen, für den sich dieses Lernformat am besten eignet: Inhalte anzuwenden (◘ Abb. 2.16).

Nachfolgend finden Sie einige konkrete Hinweise, wie Sie Präsenztrainings in Blended Learning Lernprozessen gestalten können.

3.1 Orientierung

Bei Präsenztrainings in Lernprozessen gewinnt die Orientierungsphase noch mehr an Bedeutung als in solitären Veranstaltungen. Denn neben der Klärung der immer relevanten Aspekte wie Ziele, Ablauf und Kennenlernen ist jetzt zusätzlich die „Verzahnung" zu beachten.

- Geben Sie einen Überblick über den gesamten Lernprozess und machen Sie den Zweck des Präsenztrainings deutlich.
- Geben Sie auch schon zu Beginn einen Ausblick, wie es nach dem Präsenztraining im Lernprozess weitergeht.
- Wertschätzen Sie die geleisteten Vorarbeiten: Es ist sehr frustrierend, wenn die Teilnehmer Zeit und Mühe in die Bearbeitung eine E-Learnings und Vorbereitung eines Praxisfalls gesteckt haben und der Trainer geht darauf (zu Beginn) nicht ein. Machen Sie stattdessen deutlich, an welchen Stellen und wie die Vorarbeiten eingebunden werden.

Als Methode für die Verzahnung nutzen wir gerne relativ einfache Frageformen, die wir mit einer Kartenfrage kombinieren, z. B.:

- In Bezug auf Wissensvermittlung: Worin sehe ich mich bestätigt? Was waren für mich neue Impulse?
- In Bezug auf Praxiserfahrungen: Was hat gut geklappt? Was möchte ich hier vertiefen?
- In Bezug auf Wiederholung der Inhalte bieten sich unterschiedliche Quiz-Formen an. Eine beliebte Methode ist z. B. die Frage-Antwort-Wand: Die Teilnehmer werden in zwei Gruppen aufgeteilt, die jeweils vier bis sechs Fragen zum Thema sammeln. Anschließend beantworten die Gruppen die Fragen der jeweils anderen.
- Als digitale Alternative empfiehlt sich etwa: ▶ www.kahoot.com, ▶ www.quizlet.com oder ▶ www.google.com/forms/

Was aber tun, wenn nur ein Teil der Teilnehmer das entsprechende Pre-Work geleistet hat, die anderen aber nicht? Hier kommt es unserer Ansicht nach auf die Verhältnismäßigkeit an: In jedem Fall sollten die Teilnehmer, die vorbereitet kommen, nicht dadurch „bestraft werden", dass zu viel Zeit auf die Wiederholung des vorangegangenen Moduls verwendet wird. Gegen ein kurzes „Ins-Boot-holen" ist aber sicherlich nichts einzuwenden. Das kann auch als passende Wiederholungsübung durch die Teilnehmer erfolgen, die das Pre-Work bearbeitet haben.

3.2 Hinführung und Inhalte erschließen

Wie dargestellt, liegt die besondere Chance von Präsenztrainings in der Phase „Inhalte verarbeiten". Insofern sollten die Phasen „Hinführung" und „Inhalte erschließen" grosso modo bereits erfolgt sein (es sei denn, dass Präsenztraining steht zu Beginn des Lernprozesses, was aber nicht unbedingt der präferierte Fall sein sollte).

Wie lassen sich nun die beiden Phasen für Präsenztrainings unter den besonderen Bedingungen eines BL-Lernprozesses nutzen und gestalten? Werden erste (allgemeine) Inhalte über andere Lernformate wie z. B. E-Learning vermittelt, können Präsenztrainings zur Herstellung eines vertieften Verständnisses dienen.

Als bevorzugte Methode bietet sich hier das Lehrgespräch an. Das Lehrgespräch ist eine Mischung aus Input und Gespräch. In fragend-entwickelnder Form werden allgemeine Inhalte auf die spezifischen, konkreten Situationen der Lerner übertragen. Ein gutes Lehrgespräch zeichnet sich durch folgende Punkte aus:

- Stellen Sie anregende Fragen: Als grobe Fragerichtung empfehlen sich die Praxis/Erfahrungen der Lerner: „Wie sieht das in eurer Praxis aus?"
- Storytelling: Nutzen Sie für den eigenen Input viele Beispiele und spannende „Stories". Fordern Sie auch die Lerner dazu auf, ihre „Stories" zu erzählen.
- Visualisierung: Unterstützen Sie Ihren Input durch Live-Visualisierung und visualisieren Sie auch die wichtigsten Beiträge der Lerner.
- Eine Variante des Lehrgesprächs ist das Experteninterview. Hier stellt nicht der Lernbegleiter Fragen an die Lerner, sondern die Lerner interviewen hauptsächlich den Experten.
- Eine weitere Variante, die schon überleitet zur Phase „Inhalte verarbeiten", ist „Drill and Action". Der Lernbegleiter macht ein Verhalten vor, die Lerner machen es direkt nach und üben selbstständig. Abschließend werden Fragen geklärt.

Neben dem Lehrgespräch gibt es viele weitere Methoden, mit denen sich die Lerner ebenfalls neue Inhalte erschließen können: Vernissage, Lerninseln, Walk and Write, Moderationstechnik etc. Die klassische Präsentation wird in Präsenztrainings zukünftig wohl nur noch eher selten vorzufinden sein, da sie insbesondere durch E-Learning abgelöst werden wird.

3.3 Inhalte verarbeiten

In der Phase „Inhalte verarbeiten" liegt die eigentliche Existenzberechtigung für Präsenztrainings im Zeitalter der Learning Revolution. Ziel ist hier die Entwicklung von Fähigkeiten, eine reine Wiederholung oder Vertiefung von Wissen greift zu kurz. Etwas anwenden zu können ist wichtiger, als etwas nur zu kennen oder zu verstehen. Gut gestaltete Trainings können einen entscheidenden Grundstein für diesen Kompetenzaufbau legen (der dann in der tatsächlichen Arbeitspraxis weiterverfolgt wird). Anders als beim Lernen am Arbeitsplatz bieten Trainings einen geschützten Raum, in dem Reflexion und Feedback besser zu ermöglichen sind. Zum Lernen gehören Ausprobieren, Scheitern, Feedback bekommen und erneutes Ausprobieren. Oser schreibt zu Recht, dass Lernen „schmerzhaft" ist (Oser und Spychiger 2005). Fehler bleiben im Seminarraum (zum Glück) jedoch ohne direkte, reale Konsequenz, sondern dienen zur weiteren Verbesserung der Fähigkeiten. Je weitreichender die realen Konsequenzen sind, umso mehr muss im geschützten Raum geübt werden. Aus diesem Grund ist der Übungsanteil bei der Ausbildung von Piloten, Polizisten oder Feuerwehrleuten traditionell sehr hoch. In Unternehmen dagegen hält sich hartnäckig der Mythos, dass Wissen allein ausreichend für Können sei. Damit dieser exklusive Übungsraum in Präsenztrainings optimal genutzt werden kann, müssen drei Bedingungen erfüllt sein.

- **Gezieltes Üben**

Der Lerner muss „gezielt üben" (vgl. Ericsson und Pool 2016, S. 43 ff.). Im Gegensatz zum „naiven Üben" (ebd.), bei dem es vornehmlich um die reine Wiederholung von Handlungsabläufen geht, zeichnet sich gezieltes Üben durch konkrete Ziele aus. Methodisch kann das so aussehen, dass der Lernbegleiter vor einer Übung den Lerner fragt, was er konkret jetzt üben möchte – und was ggf. in einer späteren Übung. Aus diesem Grund empfiehlt es sich, sequenziell vorzugehen: Nicht das große Ganze in einer Übung ausprobieren, sondern besser kleine Schritte in mehreren Übungen. So kann der Fokus auf konkrete Ziele gewahrt werden.

- **Feedback**

Jede Übung ist nur so gut, wie ihre Auswertung. Zuletzt hat John Hattie auf die überragende Bedeutung von Feedback für den Lernerfolg hingewiesen: „Feedback gehört zu den meistverbreiteten Merkmalen erfolgreichen Unterrichtens und Lernens" (2014, S. 131). Gezieltes Üben erfordert Feedback. In der Trainingspraxis trifft man aber immer wieder auf Vorstellungen von Feedback, die eine Verbesserung des Lerners erschweren, wenn nicht

3

gar verhindern. So hört man oft, „dass nur hartes Feedback etwas bringe" – vielleicht auch gespeist durch die Erfahrung, dass sich Feedback leider tatsächlich allzu oft auf oberflächliches Lob beschränkt. Gewinnbringendes Feedback dagegen zeichnet sich durch folgende Punkte aus: Feedback zielt auf **Verbesserung und Bestätigung:** Der Lerner muss wissen, was er verbessern kann – und was er gut gemacht hat und beibehalten bzw. ausbauen soll. Insofern ist Feedback immer auch ressourcenorientiert. Feedback muss **annehmbar** sein. Dies gelingt am besten, wenn das Feedback möglichst konkret ist und folgende Ebenen unterscheidet:

Tipp

WWW-Feedback

Wahrnehmung: Schildern Sie Ihre Wahrnehmung. Der Lerner soll nachvollziehen können, worauf Ihre Schlussfolgerungen fußen. „Mir ist aufgefallen, dass du dem Mitarbeiter während des Meetings keine Frage gestellt hast."
Wirkung: Welche Wirkung hat die Wahrnehmung bei Ihnen ausgelöst? „Das wirkt auf mich, als würde dich die Meinung des Mitarbeiters nicht interessieren."
Wunsch/Tipp: Welchen Wunsch oder welche Empfehlung bzw. welchen Tipp haben Sie für den Lerner? „Mein Tipp: Achte darauf mehr Fragen zu stellen."
Als besonders gewinnbringend erleben Lerner Feedback, wenn die Kernaussagen visualisiert werden (z. B. auf Moderationskarten).

Eine Herausforderung beim WWW-Feedback besteht darin, zwischen Wahrnehmung und Wirkung zu unterscheiden. Der Satz: „Mir ist aufgefallen, dass du desinteressiert warst", ist die Schilderung einer Wirkung, nicht die einer Wahrnehmung. Entfällt aber die Wahrnehmung, besteht die die Gefahr, dass der Lerner das Gesagte nicht nachvollziehen kann und möglicherweise sogar in den Widerstand geht.

Eine weitere Herausforderung bezieht sich auf den Wunsch bzw. Tipp. Hier ist die inhaltliche Expertise des Lernbegleiters gefragt. Er muss aus den möglichen Empfehlungen diejenige auswählen, die am ehesten zum Übungs-Fokus des Lerners passt und die den Lerner zwar fordern, nicht aber überfordern. Auf unser Beispiel angewandt: Lautete das Übungs-Ziel des Lerners, „den Mitarbeiter einbeziehen", so wäre die Rückmeldung „achte darauf, mehr Fragen zu stellen" angemessen. Die Empfehlung: „Stelle mehr Fragen, fasse die Antworten zusammen und baue das Gehörte in deine eigene Argumentation ein", hingegen würde den Lerner wohl überfordern.

Daher enthält der zielgerichtete Ablauf eines Feedbackprozesses folgende Elemente:

1. Selbsteinschätzung: Der Lernbegleiter fragt zuerst den Lerner, wie er die Übung einschätzt: „Was ist dir gelungen, was würdest du beim nächsten Mal anders machen?" Einerseits soll mit der Selbsteinschätzung die eigene Reflexion und Erkenntnis des Lerners gestärkt werden. Andererseits kann der Lernbegleiter sein Feedback ggf. auf die Selbsteinschätzung abstimmen: Sieht sich der Lerner sehr negativ, so ist es im Sinne der Selbstregulation besonders wichtig, gerade auch die positiven Aspekte zu betonen. Schätzt sich der Lerner (überzogen) positiv ein, muss der Lernbegleiter konkret die Verbesserungsmöglichkeiten benennen. Ziel ist es, im Sinne des Prinzips der Bestätigung und Verbesserung für ein Gleichgewicht zu sorgen.
2. WWW-Feedback durch den Lernbegleiter
3. Feedback durch die anderen Lerner: Dieser Schritt kann durchaus herausfordernd sein und erfordert eine gute Steuerung durch den Lernbegleiters. Insbesondere hat er darauf zu achten,
   - dass auch die Lerner zwischen den WWW-Ebenen unterscheiden und es wirklich um Feedback geht und nicht um inhaltliche Diskussionen (diese können im Anschluss erfolgen),
   - das Feedback fokussiert auf die Ziele des Lerners gegeben wird (und nicht: „Was mir so alles aufgefallen ist!")
   - das Feedback ergänzend gegeben wird (und nicht nach dem Motto: „Es ist schon alles gesagt, nur nicht von jedem").
4. Zusammenfassung: Der Lerner fasst für sich die wichtigsten Punkte zusammen und formuliert im Sinne des gezielten Übens für sich die nächsten Schritte. Von besonderem Reiz ist in dieser Phase auch die Frage an die anderen Lerner: „Was lernt ihr aus der Übung?"

Je nach Thema und Übungsform kann es sich anbieten, die Elemente 2 und 3 zu tauschen und zuerst das Feedback der Lerner einzuholen. Egal welche Variante gewählt wird: Es muss immer sichergestellt sein, dass der Feedbackprozess auf die Zielsetzung des Lerners ausgerichtet ist.

Der hier beschriebene Feedbackprozess bezieht sich auf die Verbesserung konkreter Handlungen und die Lösung von Problemen. Gemäß der Unterscheidung von Chris Argyris handelt es sich hier um „Single-Loop Learning". „Double-Loop Learning" bezieht sich auf die Frage „Why we do what we do": Hier geht es um die Veränderung der den einzelnen Handlungen zugrunde liegenden „Mentalen Modelle" (vgl. Argyris 1982). Die Reflexion und Bearbeitung mentaler Modelle ist die zentrale

Aufgabe von Coaching. Manchmal treten aber auch Feedbackprozesse in Präsenztrainings an diese Stelle. Um in unserem Beispiel eines Mitarbeitergesprächs zu bleiben: Zwar wissen die Führungskräfte, dass sie ihren Mitarbeitern Fragen stellen sollen, sie tun es aber auch nach mehreren Übungen und Feedbacks immer noch nicht. Dann bietet sich an, das Feedback in einen Veränderungsdialog zu überführen, um das tieferliegende Motiv für das Verhalten – etwa Unsicherheit oder ein bestimmtes Rollenverständnis von „Führungskraft" – zu bearbeiten. Hier verläuft die fließende Grenze vom Training zum Coaching. Der Lernbegleiter muss entscheiden, welche Fragestellungen im gegebenen Rahmen möglich sind. Bewährt hat sich hier das Modell des „Inneren Teams", das sich gut für unterschiedliche Bearbeitungstiefen einsetzen lässt (vgl. Schulz von Thun 2004).

■ Realitätsnahe Übungen

Um zielgerichtet Üben zu können, sollten die ausgewählten Übungen möglichst realitätsnah sein. In der Trainingslandschaft haben sich auch Methoden etabliert, die zwar einen gewissen „Event-Charakter" haben, oft aber mit der Realität der Lerner wenig gemeinsam haben. Eine der ältesten und bekanntesten Übungen ist etwa das „NASA-Spiel", bei dem die Lerner eine Notlandung auf dem Mond bewältigen müssen. Niemand wird in seiner Arbeitspraxis je in die Situation kommen, auf dem Mond notlanden zu müssen. Solche Übungen können dann sinnvoll sein, wenn mit ihnen allgemeine Prinzipien verdeutlicht werden. So geht es im NASA-Spiel letztlich um die Frage der individuellen und kollektiven Entscheidungsfindung. Sie können aber immer nur ein „Zusatz" zu Übungen sein, in denen die Lerner tatsächliche Praxisthemen bearbeiten. Hierfür bieten sich insbesondere zwei Übungsformen an: Rollenspiele für Soft Skills und Fallbeispiele bzw. Simulationen für Hard Skills (wohl wissend, dass der Übergang hier fließend sein kann).

■■ Rollenspiele

Rollenspiele haben leider bei vielen Lernern einen schlechten Ruf. Oftmals zu Recht, denn je nach Inszenierung erinnern Rollenspiele allzu oft eher an eine Prüfungs- als an eine Übungssituation: Die Lerner werden ohne schützenden Rahmen vor das Plenum gezerrt und mit vernichtendem Feedback überzogen. Dass Lerner, die solche Erfahrungen gemacht haben, bei der Ankündigung von „Rollenspielen" nicht erfreut sind, ist mehr als verständlich. Um sich nicht mit möglichen Widerständen auseinandersetzen zu müssen, meiden leider auch viele Trainer diese Methode. Das ist sehr schade, da Rollenspiele die mit Abstand beste Methode sind, um neue Verhaltensweisen zu üben. Damit Rollenspiele wirklich als gewinnbringende Übung erfahren werden, empfiehlt es sich, auf folgende Punkte zu achten:

- Schaffen Sie bereits in der Orientierungsphase eine angstfreie Übungsatmosphäre.
- Leiten Sie Rollenspiele „selbstverständlich" an (vgl. Anleitung von Übungen).
- Um negative Assoziationen zu vermeiden, empfiehlt es sich manchmal, den Begriff „Rollenspiel" durch „Praxisübung" zu ersetzen.
- Als Icebreaker kann das erste Rollenspiel auch in Form eines „kollektiven Rollenspiels" durchgeführt werden, bei dem Teams das Rollenspiel vorbereiten. Während der Durchführung gibt es dann einen „Sprecher" und mehrere „Berater", die entsprechend Hilfestellung geben können.
- Achten Sie auf das passende Setting: Rollenspiele im Plenum haben den großen Vorteil, dass der Lernbegleiter Feedback geben kann. Rollenspiele in Kleingruppen (Triaden) eignen sich dagegen als Vertiefungsübung.
- „Stopp"-Möglichkeit: Merkt der Lerner während des Rollenspiels, dass er sich „verrannt" hat, kann er die „Stopp-Karte" ziehen und die Übung unterbrechen. Es wird gemeinsam nach alternativen Vorgehensweisen gesucht und die Übung anschließend fortgesetzt. Die „Stopp-Karte" kann je nach Situation auch vom Lernbegleiter gezogen werden.
- Wenn Sie Video-Feedback nutzen: Schaffen Sie eine zwanglose „Kino-Atmosphäre", indem Sie die Sitzordnung verändern oder den Raum wechseln.

Die Themen der Rollenspiele richten sich nach dem Übungsfokus. Der Lernbegleiter kann Rollenspiele vorbereiten oder die Lerner bringen ihre Themen selbst ein. Ideal ist sicherlich eine Kombination: Die Lerner üben an ihren eigenen Themen, die zuvor vom Lernbegleiter didaktisch aufbereitet wurden (z. B. durch konkrete Rollenbeschreibungen).

Tipp

WWW: Methoden anleiten

Warum?: Machen Sie den Nutzen des Schritts für die Teilnehmer deutlich. *„Je fehlerfreier das Formular ausgefüllt ist, umso schneller werden Ihnen Ihre Reiskosten überwiesen. Deswegen geht es im nächsten Schritt darum, dass Sie Sicherheit beim Ausfüllen des Reiskostenformulars gewinnen."*
Was?: Erklären Sie, worum genau inhaltlich geht, und stellen Sie die Methode in den Gesamtzusammenhang des Trainings. *„Nachdem wir besprochen haben, auf welche Punkte Sie achten sollten, habe ich hier jetzt zwei Fälle mitgebracht, die so in der Praxis häufig vorgekommen sind…".*

Wie?: Erläutern Sie detailliert den Ablauf der Methode. *„Bitte bearbeiten Sie zuerst alleine die Fälle und tauschen Sie sich nach zehn Minuten mit Ihrem Nachbarn aus .... Welche Fragen haben Sie?"*

Fallbeispiele

„Fallbeispiele" stehen für eine Vielzahl an Methoden, die insbesondere für das Üben von „Hard Skills" eingesetzt werden können. Je nach Übungsfokus ergeben sich viele Möglichkeiten: komplexe Planspiele, klassische Fallstudien oder praktische „Hands-on-Aufgaben". Gemeinsam ist diesen Methoden, dass die Lerner immer einen konkreten „Fall" bearbeiten. Ein Fall ist eine Aufgabe, die so auch in der Arbeitspraxis der Lerner vorkommt. Dabei handelt es sich zum Beispiel um das Ausfüllen eines Reisekostenformulars, die Anwendung von Compliance-Regeln, das Wechseln eines Reifens etc. Die Bearbeitung des Falls kann entweder alleine oder in Gruppen erfolgen. Wie beim Rollenspiel ist es auch hier wichtig sicher zu stellen, dass es sich um Übungs- und nicht um Prüfungssituationen handelt. Beim Erstellen von Fallbeispielen sollte dementsprechend auf folgende Punkte geachtet werden:

- Wählen Sie praxisnahe und realistische Fälle aus und formulieren Sie möglichst konkret das Problem und den erwarteten Ergebnistypus.
- Achten Sie darauf, dass die Lerner auch die gleichen „Tools" zur Bearbeitung des Falls zur Verfügung haben wie in Ihrer Arbeitspraxis.
- Wählen Sie ein mittleres Anspruchsniveau. Die Lerner sollen nicht über-, aber auch nicht unterfordert werden.
- Wenn Sie mehrere Fallbeispiele einsetzen, steigern Sie den Schwierigkeitsgrad, stellen Sie immer komplexere Aufgaben.
- Wenn es um das Üben von Prozessen geht, orientieren Sie sich am tatsächlichen Ablauf.

Rollenspiele und Fallbeispiele sind die bevorzugten Methoden, wenn es um das gezielte Üben von Fähigkeiten geht. In der Phase „Inhalte verarbeiten" können auf einem anderen Übungslevel auch weitere Methoden, wie kollegiale Beratung oder Moderation, eingesetzt werden. Die Veranstaltung nimmt dann eher **Workshop-Charakter** an. Die Lerner präsentieren und besprechen ihre Lösungen von Aufgaben, die sie z. B. zuvor über E-Learning erhalten haben, oder sie reflektieren konkrete Situationen und Probleme, die sich in der Praxisphase ergeben haben. Auch die verschiedenen Formen der kollegialen Beratung haben sich hier sehr bewährt.

Präsenztrainings müssen jedoch nicht immer in Gruppen stattfinden. Ein individualisiertes Training-on-the-Job oder Shadowing eröffnet weitere Möglichkeiten des Kompetenzaufbaus. Hier wird die Kompetenz des Lernbegleiters, Feedback zu geben, umso wichtiger.

Präsenz neu denken

Fazit

Präsenztrainings werden wichtiger und gleichzeitig verlagert sich ihr Fokus: Weg von der Vermittlung von Wissen, hin zu Übung und dem Aufbau von Kompetenzen. Dadurch werden Präsenztrainings „personennah". Bei Präsenztrainings nach dem Typ „dozierende Trainer" bleiben die Lerner auf Abstand. Durch Übungen und Feedback rückt der Trainer bzw. Lernbegleiter näher an die Lerner, die Interaktionen werden intensiver und das Training prozessorientierter. Dies stellt hohe Anforderungen an die inhaltliche, didaktische, gruppendynamische, aber auch personale Kompetenz des Lernbegleiters (vgl. Sammet 2013). Der Lernbegleiter kann folglich nicht mehr sein „Programm bzw. seine Präsentation abspulen", sondern muss z. B. im Lehrgespräch inhaltlich flexibel agieren können. Er sollte in der Lage sein, kreativ praxisnahe Übungen zu entwerfen, durchzuführen und die entstehende Dynamik produktiv zu steuern. Und vielleicht das Wichtigste: Er muss den einzelnen Lerner in seiner Zielsetzung noch mehr ernst nehmen und unterstützen *wollen.* Belohnt wird er durch das, was wohl jedes Trainerherz höher schlagen lässt: echten Lernerfolg.

Literatur

Argyris, C. (1982). *Reasoning, learning, and action: Individual and organizational.* New York: Wiley.

Ericsson, K. A., & Pool, R. (2016). *Top: Die neue Wissenschaft vom Lernen.* München: Pattloch.

Hattie, J. (2014). *Lernen sichtbar machen für Lehrpersonen: Überarbeitete deutschsprachige Ausgabe von „Visible Learning for Teachers".* Baltmannsweiler: Schneider Hohengehren.

Oser, F., & Spychiger, M. (2005). *Lernen ist schmerzhaft: Zur Theorie des negativen Wissens und zur Praxis der Fehlerkultur.* Langensalza: Beltz.

Rosa, H. (2016). *Resonanz: Eine Soziologie der Weltbeziehung.* Frankfurt a. M.: Suhrkamp.

Rosa, H., & Endres, W. (2016). *Resonanzpädagogik: Wenn es im Klassenzimmer knistert.* Langensalza: Beltz.

Sammet, J. (2013). Lernen ermöglichen – Die Trainer-Kompetenzebenen. In Thomas Hake (Hrsg.), *Von der Herausforderung die Lösung (noch) nicht zu kennen* (S. 107–119). Heidelberg: Carl-Auer.

von Schulz, T. F. (2004). *Das innere Team in Aktion: Praktische Arbeit mit dem Modell.* London: Rowohlt.

Online-Trainings

J. Sammet, J. Wolf, *Vom Trainer zum agilen Lernbegleiter*,
https://doi.org/10.1007/978-3-662-58510-8_4

Bei Online-Trainings handelt es sich um ein formales Lernformat via webbasierter Video-Konferenz-Software. Teilnehmer und Trainer treffen sich zur gleichen Zeit in einem Raum – allerdings nicht wie gewöhnlich in einem Seminarraum mit vier Wänden, sondern in einem virtuellen Raum, der sich virtuell zwischen allen Computerbildschirmen der Teilnehmer aufspannt. Das, was sich im Präsenztraining im gesamten Raum abspielt, passiert in einem Online-Training auf den einzelnen Bildschirmen und in den Ohren von Teilnehmern und Trainer.

Eine Besonderheit von Online-Trainings besteht darin, dass die gesamte Interaktion eingeschränkt via Technik erfolgt. Sinneswahrnehmungen, wie Hören und Sehen, die im Seminarraum selbstverständlich dazugehören, werden im virtuellen Raum erst via Technik möglich. Um diese Form der virtuellen Kommunikation zu gewährleisten, sind neben einigen technischen Voraussetzungen auch neue Kompetenzen des Trainers erforderlich.

4.1 Technische Voraussetzungen

Zur Errichtung des virtuellen Seminarraums benötigt der Online-Trainer eine Lizenz bei einem der mittlerweile zahlreich auf dem Markt existierenden Anbieter für Videokonferenz-Software.

Gängige Anbieter sind:

- Zoom ▶ www.zoom.us
- Cisco **WebEx** ▶ https://www.webex.com/
- Citrix **GoToTraining** ▶ https://www.gotomeeting.com/de-de/training
- Adobe **Adobe Connect** ▶ http://www.adobe.com/de/products/adobeconnect.html

Oftmals werden verschiedene Versionen mit unterschiedlichen Funktionalitäten angeboten, deren Auswahl sich an den Anforderungen der Online-Trainings orientiert.

Sowohl Trainer als auch Teilnehmer nehmen per **Computer** teil. Die Teilnahme mit mobilen Endgeräten wie Smartphones oder Tablets ist zwar auch möglich, aber nicht empfehlenswert: Zum einen sind die Bildschirme von mobilen Endgeräten in der Regel kleiner als die Bildschirme von Laptops bzw. Desktop-Computern, wodurch die geteilten Inhalte weniger gut sichtbar sind. Zum anderen lassen sich Schreibaufgaben per Tastatur schneller erledigen als per Touchscreen. Unabhängig davon, ob mehrere Teilnehmer, die sich gemeinsam in einem realen Raum befinden, am Online-Training teilnehmen oder jeder in einem Raum für sich ist, sollte jeder Teilnehmer mit einem eigenen Computer in das Online-Training eingeloggt sein. Das hat mehrere Vorteile: Zum einen erscheint nur so jeder Teilnehmer-Name in der Teilnehmerliste am

Bildschirm, wodurch der Online-Trainer leichter seine virtuelle Trainingsgruppe steuern kann. Außerdem können alle Teilnehmer zeitgleich Schreibaufgaben erledigen, was Zeitverzögerungen vermeidet.

Wie die Bezeichnung „Online-Training" besagt, geht ohne **Internetverbindung** gar nichts. Um diese zu gewährleisten, ist eine stabile LAN-Verbindung einer W-LAN-Verbindung vorzuziehen. Auf alle Aktivitäten, die Internetverbindung lahmlegen könnten, sollte über die Dauer des Online-Trainings verzichtet werden, zum Beispiel auf Up- und Download-Vorgänge, die beim Synchronisieren der lokalen Daten mit einer Cloud ablaufen. Auch laufende Webcams können die Internetverbindung verlangsamen. Sollten Sie Störungen der Verbindung feststellen, verzichten Sie besser auf den Einsatz von Webcams.

Damit Teilnehmer und Trainer einander hören, ist eine gute **Audioverbindung** erforderlich. Je nach Setting und Equipment gibt es verschiedene Varianten. Folgende Möglichkeiten der Audioverbindung bestehen in der Regel:

Audio-Verbindung via Telefon: Die Audioverbindung wird per Telefoneinwahl hergestellt.

Ein Nachteil kann sein, dass Telefongebühren anfallen können. Um die Handfreiheit zu gewährleisten, sollte ein am Telefon angeschlossenes Headset oder eine Freisprecheinrichtung genutzt werden.

Audio-Verbindung via Computer (VoiIP): Die Audioverbindung läuft über das Internet. Vorteil: Es können keine zusätzlichen Telefongebühren entstehen. Nachteil: Je nach Qualität kann die Internetverbindung instabil werden. Auch bei dieser Verbindungsvariante ist es empfehlenswert, ein Headset oder eine Freisprecheinrichtung zu nutzen, um die Tonqualität zu erhöhen und Handfreiheit zu gewährleisten.

Nehmen mehrere, sich gemeinsam in einem Raum befindende Teilnehmer an einem Online-Training teil, sollte eine Audioverbindung mittels einer Freisprecheinrichtung von einem einzigen eingeloggten Computer hergestellt werden, über die alle Teilnehmer kommunizieren. Headsets sind in diesem Setting nicht das Mittel der Wahl, da sich die Teilnehmer zweimal hören würden: einmal live im Raum und einen kurzen Moment versetzt nochmals über das Headset.

Die **Webcam** ist ein gutes Mittel zur Beziehungsaufnahme zwischen Teilnehmern und Trainer. Sie ermöglicht es, neben Stimme und Wortbeiträgen weitere Informationen voneinander zu erhalten: Gestik und Mimik. Zu diesem Zweck kann der Einsatz von Webcams sehr hilfreich sein. Natürlicher Blickkontakt, der zur Beziehungsaufnahme in einem realen Raum normalerweise eingesetzt wird, ist via Webcam allerdings nie möglich: Wenn man in die Augen im Teilnehmer-Video auf dem Bildschirm schaut, fühlt die Person sich nicht angeschaut. Nur wenn man direkt in die Kameralinse blickt, also das Teilnehmer-Video ignoriert, erzeugt dies bei den Teilnehmern das Gefühl von Blickkontakt. Daher empfiehlt es sich, im Gespräch mit den Teilnehmern häufiger in die Kamera zu blicken. Manche Video-Konferenz-Systeme erlauben es, die gesendeten Teilnehmer-Videos am Bildschirm direkt unter der Webcam-Linse zu fixieren. Dies ist ein guter Kompromiss, um das Blickkontakt-Gefühl bei den Teilnehmern zu erzeugen und das Gesicht der Teilnehmer zu sehen bzw. die Mimik zu lesen. Die Webcam kann neben der Beziehungsaufnahme auch methodisch eingesetzt werden, um Gegenstände zu zeigen, z. B. innerhalb einer Kennenlernsequenz, in der die Teilnehmer sich anhand eines persönlichen Gegenstandes, den sie in die Kamera halten, vorstellen.

Tipp

Tipp

Gerade wenn die Webcam über einen längeren Zeitraum eingeschaltet ist, kann es passieren, dass das Bewusstsein darüber schwindet, was zu unangenehmen Situationen führen kann. Hier hilft ein Post-it neben der Webcam als Erinnerung.

Da die Präsenz der Teilnehmer eines virtuellen Trainings mangels physischer Anwesenheit sehr eingeschränkt ist und der Trainer hierdurch Informationen, die er von der Gruppe bekommt, nicht so leicht einer Person zuordnen kann, hilft die Nutzung eines **Teilnehmer-Rasters** (◘ Abb. 4.1).

Für jeden Teilnehmer gibt es eine Zeile, in der der Online-Trainer während des Online-Trainings Informationen z. B. persönlicher und beruflicher Art, sammeln kann. Mit einem Blick auf die Sammlung fallen Small Talk zwischendurch und

	Persönliches	Berufliches
Paul	angelt	seit 8 Jahren im Unternehmen
Silke	Pferd, zwei Kinder	Qualitätsmanagement
Josef	aus Köln	führt Team mit 5 MA
Fred	Marathon	Chemiker
Anna	Garten, kochen	BWL studiert

◘ **Abb. 4.1** Teilnehmer-Raster

das Verknüpfen des Inputs mit Beispielen aus der Welt der Teilnehmer leichter. Auf diese Weise ist es auch virtuell möglich, mit den Teilnehmern eine Beziehung aufzubauen, die einer in Präsenztrainings entwickelten Trainer-Teilnehmer-Beziehung zwar nicht gleicht, aber zumindest nahekommt.

4.2 Virtuelle Präsenz des Online-Trainers

Während der Präsenztrainer im Seminarraum zusätzlich zum sprachlichen Ausdruck auch seine Körpersprache (Mimik, Gestik, Stand, Bewegung, Optik) sowie die klassischen Trainingsmedien (Beamer, Flipchart etc.) zur Vermittlung von Inhalten und seiner persönlichen Wirkung einsetzen kann, muss der Online-Trainer sich mit weniger bzw. anderem begnügen: Der größte Teil der Körpersprache wird im Online-Training nicht sichtbar. Was bleibt, sind sein sprachlicher Ausdruck und die Visualisierung der Inhalte. Beides tritt viel mehr in den Fokus und wird zu einem starken Indikator für Professionalität. Wo der Präsenztrainer weniger ansprechende Folien oder viele „Äähs" durch seine ansonsten professionelle Ausstrahlung wettmachen kann, ist er dahin gehend im Online-Training aufgeschmissen. Um diese Einschränkungen zu kompensieren, empfiehlt es sich, in der Vorbereitung und der Durchführung besonderen Wert auf Sprache und Visualisierung zu legen.

▪ Tipps zur Optimierung der Sprache

Zur Optimierung der Wirkung, die über die Sprache erzeugt wird, lässt sich auf zwei Ebenen ansetzen: beim Inhalt („Was wird gesagt?") und bei der Art und Weise („Wie wird es gesagt?"). Zunächst einige Tipps für den Inhalt: Das, was Sie sagen, beeinflusst immer auch die Lernatmosphäre. Die Bedingungen von Online-Trainings bieten den Teilnehmern wenige Orientierungsmöglichkeiten für ihr eigenes Verhalten. Daher fungieren Sie in der Rolle als Online-Trainer stark als Vorbild. Es besteht also die Tendenz, dass die Teilnehmer sich in ihrem Verhalten nach Ihnen richten. Wenn Sie also z. B. nicht nur Informationen zum Trainingsthema, sondern auch Persönliches von sich preisgeben, werden das auch die Teilnehmer eher tun. Trotz der Distanz kann auf diese Weise eine Beziehung und damit eine positive Lernatmosphäre entstehen, in der die Teilnehmer eher bereit sind, sich einzubringen, wodurch das Lernen gefördert werden kann. Im Umgang mit Humor ist im Online-Training besondere Vorsicht geboten. Gerade dann, wenn die Teilnehmer Sie in Präsenz (bislang) nicht kennen, kann es passieren, dass durch Ihre fehlende Gesamt-Präsenz eine humorvoll gemeinte Aussage falsch verstanden und eine unerwünschte Wirkung bei den Teilnehmern erzeugt wird.

Für die Inhaltsvermittlung gilt: Wecken Sie durch Ihre Sprache so oft es geht Bilder in den Köpfen Ihrer Teilnehmer durch Storytelling, Beispiele aus der Welt der Teilnehmer und Vergleiche.

Tipp

Tipps zum Sprechen („Wie?")

- Vermeiden Sie Monotonie. Betonen Sie dazu manches bewusst, in dem Sie mal lauter, mal leiser, mal langsamer und mal schneller sprechen. Der Einsatz von zum Inhalt passender Mimik und Gestik kann dabei unterstützend wirken.
- Mit einem Lächeln auf den Lippen wirkt Ihre Stimme, wie beim Telefonieren, freundlicher.
- Sprechen Sie in der Indifferenzlage. Das ist die Stimmlage, in der Sie unter geringster Anstrengung sprechen können. Um Ihre persönliche „Wohlfühl-Stimmlage" zu finden, denken Sie an Ihr Lieblingsgericht und kommentieren Sie Ihren Gedanken mit einem genießerischen „Hmm".
- Achten Sie auf ein angemessenes Sprechtempo.
- Um die Stimme auf das Online-Training vorzubereiten, eignen sich Stimmübungen kurz vor Start des Online-Trainings.
- Legen Sie zwischendurch immer wieder Sprechpausen ein. Hierdurch verleihen Sie dem Gesagten gezielt eine besondere Bedeutung und geben Ihren Teilnehmern die Möglichkeit, das Gesagte aufzunehmen.
- Atmen Sie tief in den Bauch, um Ihre Stimme „voller" klingen zu lassen.
- Sprechen Sie in kurzen Sätzen und „auf den Punkt". Das heißt, gehen Sie am Ende von Aussagesätzen mit Ihrer Stimme nach unten. Hierdurch vermeiden Sie Schachtelsätze und „Ähm"-Pausen.
- Stellen Sie sich ein Glas Wasser bereit, um Ihre Stimmbänder zwischendurch immer wieder zu befeuchten.

▪ Tipps zur Optimierung der Visualisierung

Das klassische Präsentationsmedium von Online-Trainings sind PowerPoint-Folien. Auf ihnen werden Inhalte und Arbeitsaufträge dargestellt und per Teilen-Funktion auf den Teilnehmer-Bildschirmen sichtbar. Da aufgrund der wegfallenden Körpersprache die Folien im visuellen Fokus der Teilnehmer stehen, sollte der Online-Trainer sich um eine ansprechende Gestaltung bemühen. Neben einem positiven Einfluss auf das Lernergebnis lässt sich hierdurch auch der Halo-Effekt nutzen, bei dem von sichtbaren Merkmalen auf unbekannte Merkmale geschlossen wird. So ist es eher wahrscheinlich, dass die Teilnehmer dem Online-Trainer aufgrund seiner (sichtbaren) Fähigkeit zur Gestaltung ansprechender Folien auch die Fachkompetenz zum Trainingsthema zuschreiben.

Um Folien ansprechend zu gestalten, empfiehlt es sich, ein einheitliches Layout zu verwenden und ausreichend freie Flächen zu lassen. Reduzieren Sie die Objekte auf den Folien auf Bilder und Schlagworte, die das Gesagte visuell unterstützen. Nutzen Sie Animation, um die Elemente einer Folie Schritt für Schritt und synchron zur verbalen Kommentierung vor den Augen Ihrer Teilnehmer zu entwickeln. Kleiden Sie schwer verständliche Sachverhalte möglichst oft in Metaphern und Vergleiche, um sie damit auf den Folien zu verbildlichen und leichter verständlich zu machen. Eingesetzt werden können die in der Box „Elemente für die Foliengestaltung" dargestellten Bildquellen.

Elemente für die Foliengestaltung

PowerPoint
PowerPoint bietet einige visuelle Gestaltungsmöglichkeiten, z. B. Formen, Farben, Symbole, Schriften, Textfelder. Für Letzteres gilt: Nach dem „Redundanzprinzip" braucht es keinen zusätzlichen sichtbaren Text, wenn das Bildmaterial kommentiert wird (Mayer 2009, S. 118 ff.). Anderseits kann Text, dosiert eingesetzt, didaktisch sinnvoll sein: „Mit Schrifteinblendungen lassen sich komplizierte Teile (z. B. aus dem Maschinenbau) besser erklären und komplizierte Prozesse strukturieren." (Niegemann et al. 2004, S. 153).

Zeichnungen
Auch selbstvisualisierte Zeichnungen können eingesetzt werden und sind in vielerlei Hinsicht geeignet. Denn vieles lässt sich auf Fotos nicht darstellen und die Anschaffung von passenden Fotos kann teuer und aufwendig werden. Allerdings liegt das Zeichnen nicht jedem. Dabei thematisieren viele Bücher die Frage, wie man Inhalte zeichnerisch in Bilder umsetzen kann, ohne ein Künstler zu sein (Buchtipp: Sketchnotes, Roßa 2017). Einfache Symbole lassen sich auf Papier zeichnen, einscannen und in PowerPoint einfügen. PowerPoint stellt zudem Tools zur Bildbearbeitung zur Verfügung. Wem diese nicht ausreichen, der kann sich mit kostenlosen Grafik-Bearbeitungsprogrammen (z. B. GIMP) helfen. Wer über ein Tablet mit elektronischem Stift verfügt, kann Symbole direkt am Bildschirm auf die Folie zeichnen oder auch Live-Visualisierung nutzen. Achten Sie darauf, dass Ihre Zeichnungen nicht zu bunt sind. Heben Sie farblich nur das Wichtigste hervor. Die Farben sollten außerdem zueinander passen.

Fotos
Fotos eignen sich besonders gut, um Emotionen zu wecken und Sachverhalte realistisch darzustellen. Verwenden Sie eigene Fotos oder bedienen Sie sich der zahlreichen Bilddatenbanken im Internet. Wir raten dazu, Bilddatenbanken zu nutzen, auf denen man Bildrechte käuflich erwerben kann. Bei kostenfreien Bilddatenbanken ist Vorsicht geboten, da man nicht davon ausgehen kann, dass die Person, die ein Bild in eine solche Datenbank einstellt, immer auch Urheber dieses Bildes ist.

Bild-Bibliothek
Wenn Sie häufiger Bildmaterial für PowerPoint-Folien benötigen, empfiehlt es sich eine „Bild-Bibliothek", ebenfalls in einer PowerPoint-Datei umsetzbar, anzulegen. Nutzen Sie hierfür ein Bild (Zeichnung/Foto) pro Folie und notieren Sie als Überschrift verschiedene Einsatzmöglichkeiten. Mit der Suchfunktion können Sie schnell ein passendes Symbol für Ihr Online-Training finden.

Für das Thema „Foliengestaltung“ empfiehlt sich das Buch „ZEN – die Kunst der Präsentation“ (Reynolds 2013).

Für Arbeitsaufträge gilt: Um möglichst viel Verständlichkeit und Orientierung zu bieten, visualisieren Sie Ihre Arbeitsaufträge auf Folien. Formulieren Sie Arbeitsaufträge einfach und eindeutig, um nicht unnötig „nachschärfen“ zu müssen, da dies online nicht so leicht möglich ist. Nutzen Sie wiederkehrende Symbole für wiederkehrende Elemente des Arbeitsauftrags (z. B. Fragestellung, Ablauf, Zeitangabe).

4.3 Problem: Mangelnde Aufmerksamkeit

Online-Trainings finden arbeitsplatznah statt. Es ist nicht mehr nötig, sich weit von seinem Arbeitsplatz zu entfernen. Die Teilnehmer müssen ihre Abwesenheit nicht aufwendig vorbereiten, wie es bei mehrtägigen Präsenztrainings außer- oder innerhalb der Arbeitsstätte häufig der Fall ist. Das ist von Vorteil, da Lernen flexibler wird, und gleichzeitig von Nachteil, denn anders als das Präsenztraining findet das Online-Training nur auf einer Bildschirmoberfläche von wenigen Zoll statt Quadratmetern statt. Ein leichtes Kopfneigen weg vom Bildschirm genügt und man befindet sich nicht mehr in der Lehrveranstaltung. Reize von außen, wie den Raum betretende Kollegen, aber auch von innen, z. B. eingehende E-Mails, können Teilnehmer und Trainer schnell aus dem Training herausreißen. Wenn ich mit halbem Ohr in das Telefonat meiner Kollegin involviert bin, dann fällt die Konzentration aufs Lernen schwer. Die fehlende soziale Kontrolle aufgrund der räumlichen Abwesenheit der Trainingsgruppe macht es nicht leichter. Durch die Arbeitsplatznähe wird Online-Trainings häufig weder vom Lernenden noch von dessen Umfeld die Wertigkeit eingeräumt, die ihnen gebührt. Häufig wird an Online-Trainings nicht in einem ruhigen und ungestörten Raum, sondern zwischen „Tür und Angel“, zwischen zwei Terminen und aus Platz- oder Vorbereitungsmangel am Schreibtisch im (Großraum-)Büro, wo vielerlei Ablenkungen bestehen, teilgenommen. Bei Präsenztrainings ist das anders: Während Mitarbeiter im Training sind, sind sie für Vorgesetzte, Kunden und Kollegen nicht sichtbar und nur eingeschränkt in Pausen erreichbar. Diese Bedingungen stellen höhere Herausforderungen an die Konzentration der Teilnehmer (und auch des Trainers). Doch es gibt Möglichkeiten, um die Aufmerksamkeit Ihrer Teilnehmer aufrecht zu erhalten.

4.3.1 Geben Sie Tipps für eine gute Lernumgebung

Sie als Online-Trainer haben nur einen sehr begrenzten Einfluss auf die Lernumgebung Ihrer Teilnehmer. Dies ist ein großer Unterschied zum Präsenztraining, in dem Sie den Seminarraum vorher mit lernförderlichen Mitteln ausstatten können. So muss sich bei Präsenztrainings der Teilnehmer bspw. in der Regel keine Gedanken über die Getränkebereitstellung machen. Bei Online-Trainings betreten die Teilnehmer jedoch nicht automatisch einen Raum, in dem sie die idealen Lernbedingungen vorfinden. Vielmehr sind sie für deren Vorbereitung selbst zuständig. Ihnen als Online-Trainer bleibt nur, die Teilnehmer vorab zu instruieren, wie sie sich selbst eine lernförderliche Umgebung schaffen können. Dies birgt selbstverständlich immer auch die Gefahr, dass Ihre Tipps nicht umgesetzt werden, was aber immer noch besser ist, als die Lernumgebung Ihrer Teilnehmer völlig dem Zufall zu überlassen. Der Anspruch an eine ungestörte lernförderliche Umgebung steht leider oftmals einem Mangel an Meeting-Räumen gegenüber. Mehrere kleinere Online-Meeting-Räume für Einzelpersonen wären hier wünschenswert. Im Kapitel „Orientierung" finden Sie Tipps, mit denen sich Ihre Teilnehmer eine gute Lernumgebung schaffen können.

4.3.2 Sorgen Sie für Interaktion!

Das Mittel der Wahl, um den Fokus aufrecht zu erhalten, ist die Interaktion. Zur Frage, in welchen zeitlichen Abständen Interaktion mit den Teilnehmern erfolgen sollte, gibt es unterschiedliche Ansichten. Pike (2002) empfiehlt Interaktion im 8-Minuten-Takt (S. 218 f). Nach unserer Erfahrung sollten die Präsentationsphasen jedoch kürzer sein und Interaktion im 5-Minuten-Takt erfolgen. Dies erfordert im Vergleich zum Präsenztraining eine sehr viel höhere Taktung. Umsetzbar wird dies, indem Sie die Lerneinheiten in kleinere Häppchen unterteilen und die Phasen „Hinführung" und „Inhalte verarbeiten" zur Interaktion nutzen. Reflexion, Übung, Erfahrungsaustausch, Ideensammlungen – alles Möglichkeiten, die Teilnehmer aktiv zu halten. Je mehr Raum für Interaktion eingeplant wird, umso niedriger sollte die Teilnehmerzahl sein, da jeder Teilnehmer ausreichend Gelegenheit bekommen sollte, sich zu beteiligen. Um ein möglichst interaktives Online-Training zu gewährleisten, hat sich eine Teilnehmerzahl bis maximal sechs Personen bewährt. Die Gruppendynamik, die im Präsenztraining durch die Anwesenheit mehrerer Personen in einem Raum automatisch gegeben ist, bleibt in diesem Maße in Online-Trainings aus. Für die Bereitschaft zur Interaktion kann das von Vorteil sein, weil die Hemmschwelle, sich mitzuteilen, durch eine nicht räumlich, sondern nur virtuell anwesende Gruppe niedriger sein kann. Je nach Anbieter und Version bieten die verschiedenen Video-Konferenz-Lösungen diverse technische Interaktionsfunktionen, die methodisch eingesetzt werden können:

4.3.2.1 Interaktionsfunktionen und Ideen zur methodischen Anwendung

Per **Chat** können die Teilnehmer sich schriftlich mitteilen. Es besteht die Möglichkeit, Nachrichten an alle oder ausgewählte Teilnehmer oder nur an den Online-Trainer zu senden. Sollen die Teilnehmer sich zunächst selbst Gedanken zu einer Fragestellung machen, eignet sich der Chat, um die Gedanken schriftlich festzuhalten. Nach der Schreibphase können die Beiträge jeweils von den Autoren erläutert werden. Daneben kann der Chat zur Sammlung von aufkommenden Fragen genutzt werden, die dann in Frage-Antwort-Runden, jeweils nach den Lerneinheiten gesammelt, beantwortet werden können.

Das **Whiteboard** ist eine weiße Fläche, die von Teilnehmern und Trainer mit Text, Formen und Farben gestaltet werden kann. Sie ist sozusagen die „Flipchart" des Online-Trainings und kann methodisch z. B. zum Brainstorming und um etwas live zu visualisieren genutzt werden. Für die Live-Visualisierung benötigt der Trainer einen Bildschirm mit Touchscreen sowie einen Eingabestift, mit dem er am Bildschirm visualisieren kann, was allerdings etwas Übung erfordert.

Die **Feedback-Funktionen** dienen dazu, sich per Mausklick zu Wort zu melden, Ja-/Nein-Fragen zu beantworten oder Tempo-Wünsche (schneller/langsamer) zu äußern. Methodisch können Feedback-Funktionen eingesetzt werden, um unkompliziert und spontan ein Stimmungsbild abzufragen oder Teilnehmer auf Wunsch etwas beitragen zu lassen.

Umfragen/Quizze werden vorab erstellt und dann an den passenden Stellen im Online-Training eingeblendet. Es besteht die Möglichkeit, Teilnehmer eine (oder mehrere) Antwort(en) aus einer Auswahl an Antworten wählen oder Freitextantworten (Kurzantworten) per Tastatur eingeben zu lassen. Per Klick wird eine Auswertung erstellt und mit der Gruppe geteilt. Diese Form der Interaktion bietet die Möglichkeit, Online-Veranstaltungen auch mit einer größeren Teilnehmeranzahl interaktiver zu gestalten, und kann zur Hinführung zum Thema genutzt werden, aber auch dazu, Inhalte verarbeiten zu lassen.

Wie im Präsenztraining auch ist es möglich, die gesamte Gruppe in **Teilgruppen** einzuteilen. Diese gelangen dann per Mausklick in separate virtuelle Räume und können per Mausklick wieder zusammengeführt werden. Darüber hinaus besteht die Möglichkeit, per Mausklick Hilfe beim Trainer anzufordern. Je kleiner die Teilgruppen, umso einfacher funktioniert die Kommunikation. Ab einer Größe von drei Teilnehmern pro Teilgruppe sollte ein Moderator ernannt werden, der die erforderliche Kompetenz zur Moderation virtueller Teams besitzt. Bei einer Partnerarbeit (zwei Teilnehmer) hingegen bedarf es keiner besonderen Moderationskompetenz, da die Teilnehmer hier wie bei einem gewöhnlichen Telefonat miteinander kommunizieren können.

Per **Tastatur- und Mausübergabe** kann der Online-Trainer einzelnen Teilnehmern die Steuerung seines Computers übergeben. So kann der Teilnehmer einen Vorgang vor den Augen der Gruppe durchführen. Gerade IT-Schulungen können durch diese Option sehr viel interaktiver gestaltet werden, in dem jeder Teilnehmer ein paar Klicks, instruiert durch den Online-Trainer, durchführt.

Per **Presenter-Funktion** können Teilnehmer eigene Inhalte präsentieren, in dem der Online-Trainer ihnen Präsentator-Rechte übergibt. Diese Funktion eignet sich gut, um Teilnehmern die Möglichkeit zu geben, z. B. Arbeitsergebnisse mit der Gruppe zu teilen.

Die **Teilnehmerliste** gibt den Anwesenden Transparenz darüber, wer am Online-Training teilnimmt. Sie kann aber auch zur Interaktion eingesetzt werden, wenn die Teilnehmer spontan auf eine Frage antworten sollen. Der Online-Trainer kann hierfür eine Frage stellen und zur Beantwortung die Teilnehmer in der Teilnehmerliste von oben nach unten oder in umgekehrter Reihenfolge aufrufen. Um keinen unangenehmen Druck zu erzeugen, sollten Sie vorher die „Weiter-Regel" einführen. Das heißt, jeder Teilnehmer, der gerade nichts beitragen möchte, kann einfach „weiter" sagen und der nächste Teilnehmer in der Liste ist an der Reihe.

- **Interaktionsfunktionen außerhalb der Software**

Wem die Interaktionsfunktionen, die die Software bietet, nicht ausreichen, kann auf die kollaborativen Möglichkeiten, die z. B. Office 365 bietet, zurückgreifen. Klassische Office-Dateien, wie PowerPoint, Excel und Word, können von den Teilnehmern gemeinsam erstellt, bearbeitet und kommentiert werden. Hierdurch lassen sich auch klassische Präsenzmethoden, z. B. „Walk and Write" und „Vernissage" einfach auf die virtuelle Umgebung übertragen. Ein Vorteil, den diese Arbeitsweise bietet, besteht darin, dass direkt nach dem Online-Training die

Dokumentation in Form des bearbeiteten Office-Dokuments zur Verfügung steht. Zudem ist diese Dokumentation nicht starr und unflexibel wie z. B. ein Fotoprotokoll, sondern mit ihr kann auch im Nachgang weitergearbeitet werden.

Neben dem Einsatz von geteilten Dokumenten gibt es auch zahlreiche kollaborative Online-Tools wie Mindmap-Apps (z. B. ▶ www.mindmeister.com, ▶ www.bubbl.us), mit denen die Gruppe gemeinsam eine Mindmap erstellen kann. Auch das Prinzip der Arbeit mit Pinnwand und Karten kann in der Online-Welt genutzt werden (z. B. ▶ www.ideaflip.com). Mentimeter (▶ www.mentimeter.com) bietet neben der Erstellung von Schlagwortwolken in der Gruppe viele weitere kollaborative Möglichkeiten. Zusätzlich zu einem Vorab-Test der zu verwendenden Video-Konferenz-Software empfiehlt es sich auch, solche (nicht in die Video-Konferenz-Software integrierten) Online-Tools vor dem Online-Training auf IT-seitige Zugriffseinschränkungen (Firewall) zu überprüfen.

- **Steuerung von virtueller Interaktion**

Virtuelle Interaktion funktioniert nicht auf die gleiche Art und Weise wie in Präsenzsituationen: Weil Gestik und Mimik in Online-Trainings sehr eingeschränkt zur Unterstützung der Kommunikation genutzt werden können, wird es erforderlich, dass der Online-Trainer stärker steuert als im Präsenztraining. Denn wenn der Präsenztrainer eine Frage an das Plenum stellt, reicht hier oftmals Blickkontakt, um herauszufinden, wer etwas beitragen möchte und die Reihenfolge der Wortbeiträge festzulegen. Wenn der Online-Trainer jedoch eine Frage an seine Teilnehmer-Gruppe stellt, kann es passieren, dass entweder keiner antwortet oder mehrere auf einmal, da körpersprachlich nicht klar wird, wer als nächstes an der Reihe ist. Damit ein Austausch auch im Online-Training gut funktioniert, ist die sogenannte Sternsteuerung hilfreich: Hierbei nimmt der Online-Trainer nach jedem Wortbeitrag das Wort wieder an sich und richtet es an den nächsten Teilnehmer, den er mit Namen anspricht, damit dieser sich aufgefordert fühlt.

Aktives Zuhören ist in Online-Trainings noch wichtiger als in Präsenztrainings. Denn während Sie in Präsenztrainings durch Blickkontakt, Lächeln und Nicken die Beiträge der Teilnehmer wertschätzen und signalisieren, dass Sie verstehen, was der Teilnehmer sagt, sind die Möglichkeiten im Online-Training auf „Hmm"-Geräusche, das Paraphrasieren der Teilnehmerbeiträge und konkretisierendes Nachfragen beschränkt. Dies ist nicht nur als Zeichen der Wertschätzung und des (inhaltlichen) Verständnisses wichtig, sondern auch, um dem sprechenden Teilnehmer zu signalisieren, dass die Technik funktioniert und er gehört wird.

Das Ausbleiben des Zuhörerfeedbacks ist oftmals zunächst etwas, woran sich frisch gebackene Online-Trainer erst gewöhnen müssen. Gerade dann, wenn durch ausgeschaltete Teilnehmermikrofone sämtliche Hintergrundgeräusche wegfallen, kann der Eindruck entstehen, dass einem niemand zuhört. Auch hierfür ist es wichtig, immer wieder Interaktionen einzubauen, um sich zu vergewissern, dass Sie von den Teilnehmern gehört werden.

Weil es darüber hinaus nicht möglich ist, an der Körpersprache der Teilnehmer zu lesen, ob diese Ihre Arbeitsaufträge verstanden haben, ist es wichtiger als im Präsenztraining, Methoden klar und deutlich anzuleiten. Folien, auf denen Sie Ihre Arbeitsaufträge Schritt für Schritt visualisieren, sind Bemühungen, die sich lohnen. Stellen Sie durch Nachfragen sicher, dass die Teilnehmer den Auftrag verstanden haben.

4.3.3 Lieber kurzhalten!

Da ein Online-Training größere Anforderungen an die Konzentration sowohl der Teilnehmer als auch des Online-Trainers stellt als ein Präsenztraining, sollte ein Online-Training nicht länger als 1,5 Stunden dauern. Mit wachsender Erfahrung des Online-Trainers und einem hohen Grad an Interaktivität kann die Dauer ausgedehnt werden. In diesem Fall sollte nach maximal 1,5 Stunden eine Pause erfolgen, in der die Teilnehmer von ihrem Platz aufstehen und ein paar Schritte gehen.

4.4 Online-Trainings im Blended Learning

4.4.1 Orientierung

Damit die Teilnehmer wissen, was es vorab für eine reibungslose Teilnahme zu tun gibt, beginnt die Phase der Orientierung bei Online-Trainings schon vor dem eigentlichen Start mit der **Einladung.**

Dazu setzt der Online-Trainer über den Account seines Video-Konferenz-Software-Anbieters eine Online-Training-Sitzung mit Datum und Uhrzeit auf. Jeder Sitzung ist ein individueller Zugangslink zugeordnet, welcher der Trainer den Teilnehmern im Vorfeld per E-Mail zuschickt. Mit Klick auf diesen Link können die Teilnehmer kurz vor dem Trainingstermin den Online-Trainingsraum betreten, ohne selbst einen Account besitzen zu müssen. Sobald die Teilnehmer im Raum angekommen sind und eine Audioverbindung per Telefon oder Computer hergestellt ist, sind sie arbeitsfähig. Da diese ersten Schritte für viele Teilnehmer mangels Routine eine Hürde darstellen und häufig bereits der Prozess des Beitretens über den weiteren Verlauf des Online-Trainings entscheidet, empfiehlt es sich, in diese Phase besondere Sorgfalt zu investieren: Wir empfehlen, den Teilnehmern vorab in der Einladung zusätzlich zum Zugangslink weitere Informationen mitzuschicken, die ihnen den Zugang technisch möglichst störungsfrei gestalten und damit einen entspannten Start ermöglichen sollen. Hilfreich ist zum einen eine **Liste** der Dinge, die die Teilnehmer außer dem Zugangslink benötigen:

- Ungestörter Platz
- Computer (1 Computer pro Person)
- Telefon + Headset oder Headset mit Computer verbunden
- Stabile Internetverbindung
- Schreibmaterial
- Getränk

Erklären Sie den Teilnehmern außerdem Schritt für Schritt, was sie tun müssen, um in den virtuellen Seminarraum zu gelangen. Hier hat sich eine kurze PowerPoint-Präsentation bewährt, auf der mit Screenshots und kurzen anleitenden Worten erklärt wird, wie sich Schritt für Schritt eingeloggt, die Audioverbindung hergestellt und gegebenenfalls eine externe Webcam installiert werden kann. Um ausreichend Zeit zu haben, bitten Sie Ihre Teilnehmer, die Schritte 20–30 Minuten vor Start des Online-Trainings durchzuführen, sodass pünktlich gestartet werden kann. Sie als Online-Trainer sollten die erste Person sein, die den Online-Trainingsraum betritt und eine Begrüßungsfolie teilen, damit sich die Teilnehmer, nachdem sie sich eingeloggt haben, willkommen und am richtigen Ort angekommen fühlen. Wenn sich die ersten Teilnehmer eingeloggt haben, begrüßen Sie jeden und starten Sie einen Small Talk. Ist der Start-Zeitpunkt des Online-Trainings erreicht, fangen Sie pünktlich an, auch wenn noch nicht alle Teilnehmer anwesend sind. Soll das Online-Training zur Dokumentation aufgenommen werden, holen Sie das Einverständnis Ihrer Teilnehmer ein. Weiterer Bestandteil der Orientierungsphase sind die Vereinbarungen zur Verständigung. Die klassischen Video-Konferenz-Software-Lösungen beinhalten verschiedene Funktionen, mit denen Verständigung auch trotz ausbleibender Körpersprache gut funktioniert:

1. Mikrofon ausschalten, um Hintergrundgeräusche zu vermeiden
2. Handzeichen-Button anklicken, wenn Teilnehmer etwas mitteilen möchten
3. Mikrofon anschalten, um etwas beizutragen
4. Handzeichen-Button deaktivieren und Mikrofon ausschalten, wenn Wortbeitrag beendet ist
5. Chat-Nutzung, um auf technische Probleme hinzuweisen oder um Fragen zu stellen

Diese Regeln sollten den Teilnehmern zu Beginn vorgestellt und von ihnen ausprobiert werden, um sicherzustellen, dass sie sie verstanden haben. Das Ausprobieren der Vereinbarungen 1–4 lässt sich gut mit der Kennenlernsequenz kombinieren, in dem der Trainer eine unverfängliche Frage stellt, die sich zum Kennenlernen eignet, und die Teilnehmer die Frage anhand des geschilderten Ablaufs beantworten. Kennenlernfragen können lauten:

- Was würden Sie jetzt tun, wenn Sie nicht hier wären bzw. nicht arbeiten müssten?
- Was sehen Sie, wenn Sie aus Ihrem Fenster schauen?
- Worüber haben Sie sich heute schon gefreut?

Um den Chat (Punkt 5) von den Teilnehmern ausprobieren zu lassen, können Sie sie bitten, deren Erwartungen an das Online-Training in den Chat zu schreiben.

Es empfiehlt sich, zu Beginn des Online-Trainings alle Webcams einschalten zu lassen, vor allem dann, wenn das Online-Training auch zum Ziel hat, sich gegenseitig kennenzulernen.

Online-Trainings lassen sich gut für die Orientierungsphase eines Lernprozesses, sozusagen als Online-Kick-Off, einsetzen. Die Teilnehmer können so mit den Zielen und Inhalten, dem Ablauf des Lernprozesses und dessen Lernformaten, den Teilnehmern und dem Trainer vertraut gemacht werden und haben außerdem die Gelegenheit, ihre Fragen zum Lernprozess vorab zu klären. Als Online-Trainer haben Sie die Gewissheit, dass die Teilnehmer alle wichtigen Informationen zum Lernprozess erhalten haben.

4.4.2 Hinführung und Inhalte erschließen

Neben der Umsetzung der Orientierungsphase eines Blended-Learning-Prozesses eignen sich Online-Trainings auch gut, um die Teilnehmer vor dem Präsenztraining auf das Thema einzustellen. Dies lässt sich z. B. durch eine Moderation der bisherigen Erfahrungen der Teilnehmer zum Thema umsetzen, um diese dann im nächsten Schritt mit einem einführenden, kurzen Input zu verbinden. Um die Praxis-Phase zwischen einer solchen Online-Kick-off-Veranstaltung und dem Präsenztraining sinnvoll zu nutzen, kann eine Vorbereitungsaufgabe, die im Präsenztraining wieder aufgegriffen wird, eingesetzt werden. Die Vorbereitungsaufgabe kann darauf abzielen, das im Online-Training vermittelte Wissen anzuwenden, oder die Teilnehmer erhalten eine davon losgelöste Aufgabe, die zum Inhalt des nächsten Moduls hinführt.

In dieser Phase kann die Webcam ausgeschaltet werden, da sie während der eigentlichen Wissensvermittlung vom Inhalt ablenken kann. Wie bereits an anderer Stelle erwähnt, sollten die Parts, in denen Inputs präsentiert werden, möglichst interaktiv gestaltet werden, um die Aufmerksamkeit der Teilnehmer aufrecht zu erhalten.

Online-Trainings können zur Wissensvermittlung genutzt werden, sind jedoch hierfür nicht das Mittel der Wahl, da der Trainer nicht an der Körpersprache der Teilnehmer erkennen kann, ob sie ihm inhaltlich folgen können. Ein weiterer Nachteil liegt darin, dass die Teilnehmer nicht, wie z. B. bei einem Lernvideo, das Tempo selbst bestimmen und zurückspulen können. Daher sollten Online-Trainings zur Wissensvermittlung dosiert eingesetzt werden.

4.4.3 Inhalte verarbeiten

Innerhalb eines Blended-Learning-Prozesses eignen sich Online-Trainings zur Durchführung von Follow-ups, um den Lernprozess beim Übergang in die Praxis weiter zu unterstützen. Viele Fragen ergeben sich erst in der praktischen Anwendung des Gelernten im Arbeitsalltag. Diese Fragen bieten wertvolles Material zur weiteren Entwicklung der Teilnehmer – sofern sie beantwortet werden. Doch nicht nur Fragen, die sich in der Praxis ergeben, sind der Bewusstwerdung wert; auch erlebte Erfolge, die innerhalb eines Follow-ups mit den anderen Teilnehmern geteilt werden, bieten viel Lernpotenzial. Damit ausreichend Erfahrungen angesammelt werden können, sollten Online-Follow-ups mit entsprechendem zeitlichen Abstand zu den vorherigen Modulen terminiert sein.

Online-Trainings eignen sich außerdem, um Ergebnisse, die die Teilnehmer während einer Praxis-Phase erarbeitet haben, zu präsentieren und darauf Feedback zu bekommen.

Zur Übung des Gelernten eignen sich Online-Trainings immer dann, wenn der Lerninhalt auch in der Praxis der Teilnehmer virtuell und live umgesetzt wird, also z. B. wenn es im Training um den Erwerb virtueller Soft Skills geht (z. B. Ausbildung zum Online-Moderator/-Vertriebler per Video-Konferenz). In diesem Fall sind die Bedingungen des Seminarraums als Übungsraum unnötig, gar künstlich. Auch das Üben im Umgang mit einer Software gelingt online besser als in Präsenz.

Außerdem können Online-Trainings mit E-Learning-Modulen kombiniert werden: Hier dient das Online-Training als Ort des Austauschs über den Input aus dem E-Learning und der Klärung von Fragen.

Literatur

Mayer, R. E. (2009). *Multimedia learning*. Cambridge: Cambridge University Press.

Niegemann, H. M., Hessel, S., Hochscheid-Mauel, D., Aslanski, K., Deimann, M., & Kreuzberger, G. (2004). *Kompendium E-Learning: 10 Video in E-Learning Umgebungen*. Berlin: Springer.

Pike, R. W. (2002). *Creative training techniques handbook* (3. Aufl.). Amherst: HRD Press.

Reynolds, G. (2013). *ZEN oder die Kunst der Präsentation: Mit einfachen Ideen gestalten und präsentieren*. Heidelberg: dpunkt.verlag.

Roßa, N. (2017). *Sketchnotes: Visuelle Notizen für alles*. Stuttgart: frechverlag.

E-Learning

J. Sammet, J. Wolf, *Vom Trainer zum agilen Lernbegleiter*,
https://doi.org/10.1007/978-3-662-58510-8_5

Wenn von „E-Learning" die Rede ist, z. B. im Kundengespräch, lohnt es sich zur Vermeidung von Missverständnissen zunächst zu klären, was damit gemeint wird. Im alltäglichen Sprachgebrauch existieren häufig unterschiedliche Definitionen: Manche fassen darunter sämtliche online stattfindende Lernaktivitäten, also sowohl synchron (Online-Trainings) als auch asynchron stattfindende Lernformate zusammen: „E-Learning (…) ist ein Oberbegriff für alle Varianten der Nutzung digitaler Medien zu Lehr- und Lernzwecken, sei es auf digitalen Datenträgern oder über das Internet, etwa um Wissen zu vermitteln, für den zwischenmenschlichen Austausch oder das gemeinsame Arbeiten an digitalen Artefakten" (Kerres 2013, S. 6). Andere verstehen unter E-Learning vor allem asynchrone internetbasierte Lernangebote: E-Learning „kann individuell oder gemeinsam zum Lernen (…) in selbst bestimmten Zeitpunkten genutzt werden" (Arnold et al. 2015, S. 22).

Zur trennscharfen Unterscheidung von anderen in diesem Buch genannten Lernformaten und aus didaktischen Erwägungen fassen wir mit dem Begriff „E-Learning" sämtliche Formen didaktisch aufbereiteter, digitaler Lernmedien zusammen, mit denen sich Lerner zu einem selbstgewählten Zeitpunkt innerhalb eines geplanten Blended-Learning-Prozesses in Einzelarbeit Inhalte aneignen können.

Synchrone und asynchrone Kommunikation mit anderen Lernern und/oder dem Trainer ist damit zwar didaktisch sinnvoll kombinierbar, aber in unserem Verständnis eine Kombination aus (reinem) E-Learning und (kommunikativem) informellem Lernen. Unter unserer Definition von E-Learning lassen sich je nach Machart z. B. Web Based Trainings, Serious Games, Simulationen, Podcasts, E Reader, Lernvideos etc. einordnen.

Bei der Auswahl der technischen Umsetzungsmöglichkeiten kann man leicht den Überblick verlieren und sich fragen, welches das geeignete E-Learning-Format für den geplanten Blended Learning Prozess ist. Hier ist die Verführung groß, angesichts beeindruckender Technik die Didaktik aus dem Blick zu verlieren. Dann hat man sich – überspitzt formuliert – vielleicht für ein technisch sehr aufwendig produziertes Serious Game entschieden, das aber aufgrund fehlender Anschlussfähigkeit an die Teilnehmer möglicherweise nicht das erhoffte Lernergebnis bringt.

In diesem Kompetenzfeld der Didaktik sehen wir den Entwicklungsbedarf für den Trainer: Er sollte in der Lage sein, ein didaktisches Konzept für E-Learning-Formate zu entwickeln. Dafür sind ein Überblick über die verschiedenen E-Learning-Formate, ihre technischen Umsetzungsmöglichkeiten sowie mediendidaktische Kenntnisse erforderlich. Die Kompetenzen, die es zur Produktion braucht, sind kein Muss, denn der Markt der E-Learning-Produzenten ist mittlerweile riesig. Wer nicht selbst produzieren möchte, sollte daher in der Lage sein, einen professionellen Anbieter auszuwählen, der fähig ist, auch seinerseits in der Umsetzung des didaktisch durchdachten Konzepts nach didaktisch hohen Maßstäben vorzugehen.

5.1 E-Learning im Blended Learning

E-Learning eignet sich gut zur Vermittlung von Wissen. Gegenüber anderen Lernformaten hat es den Vorteil, dass Teilnehmer in ihrem eigenen Tempo und zu selbst bestimmten Zeitpunkten lernen können. Pausen und Wiederholung eines Inputs sind jederzeit möglich, was im Präsenz- und im Online-Training nicht der Fall ist.

Innerhalb eines Blended Learning-Prozesses bietet sich E-Learning z. B. an, um Teilnehmer vor einem Präsenztraining auf einen einheitlichen Wissensstand zu bringen oder vorab auf ein Thema „einzustimmen". Wird E-Learning mit einer Aufgabe zur Vorbereitung auf ein Folgemodul kombiniert, haben die Teilnehmer die Möglichkeit, das Gelernte in der Praxis anzuwenden und damit zu festigen. Zum Austausch über den Input und zur Klärung von Fragen bietet sich z. B. ein Online-Training (synchron) oder ein Forum (asynchron) an. Für den Abschluss eines Lernprozesses kann E-Learning didaktisch sinnvoll als Performance-Support in der Praxis eingesetzt werden. E-Learning dient dann als modernes Nachschlagewerk. Die Einbettung von E-Learning in einen Lernprozess zum Zweck des Performance-Supports ist von Vorteil, denn auf diese Weise kann die Auffindbarkeit von Lernmaterial besser gewährleistet werden. Oftmals mangelt es nämlich in Unternehmen nicht etwa an internen Nachschlagewerken, sondern viel mehr an deren Auffindbarkeit aufgrund von Unkenntnis ihrer Existenz bzw. Ablageorte. Die Sicherstellung der Auffindbarkeit von Nachschlagewerken für die Praxis kann damit eines der Ziele des Lernprozesses sein.

E-Learning erfordert eine hohe Selbststeuerungskompetenz der Teilnehmer, die mit deren Eigenmotivation korreliert. Mangelt es an Eigenmotivation, ist die Wahrscheinlichkeit hoch, dass ein E-Learning-Modul nicht erledigt wird. Die Eigenmotivation ist umso höher, je mehr die aktive Beteiligung am Lernprozess den Teilnehmern einen persönlichen Nutzen verspricht: eine verbesserte Ausführung der Arbeit und damit einhergehende positive Konsequenzen (Zeitersparnis, Wertschätzung durch die Führungskraft, finanzielle Benefits). Es empfiehlt sich, den Teilnehmern zum Start des Lernprozesses diesen persönlichen Nutzen, verbunden mit der eigenen aktiven Beteiligung als notwendige Voraussetzung zur Erreichung, bewusst zu machen. Neben dem persönlichen Nutzen spielt auch ein stimmiger Lernrahmen, in dem der Lernprozess stattfindet, eine bedeutende Rolle (vgl. S. 49)

5.2 Lernvideos: die neue Flipchart des Trainers

Einer Umfrage von Jane Hart aus dem Jahre 2017 zufolge hat es die Video-Plattform YouTube auf Platz 1 der 200 beliebtesten Online-Learning-Tools geschafft. Auch die Trendstudie mmb Learning Delphi 2017 bestätigt dieses Ergebnis. „Erklärvideos haben in Zukunft einen enorm hohen Stellenwert. Zum ersten Mal gelistet, liegen sie auf Platz zwei, unmittelbar hinter der Lernform ‚Blended Learning'" (mmb Institut 2017, S. 3). Neben ihrer Beliebtheit sind Videos auch in didaktischer Hinsicht geeignet: „Video hat den Vorteil, dass sich nicht nur Orientierungswissen, sondern auch vertieftes Wissen vermitteln lässt. Weiterhin kann Video Lernende zu einer intensiveren Auseinandersetzung mit dem Stoff anleiten. (…) Video ist neben Animation und Simulation gut geeignet, besonders komplizierte Zusammenhänge zu vermitteln" (Niegemann et al. 2004, S. 153). Je nach Machart kommt hinzu, dass Lernvideos eine vergleichsweise wenig aufwendige Option sind, Wissen asynchron zu vermitteln. Aus diesem Grund fokussieren wir hier auf die Auseinandersetzung mit dem Lernmedium „Lernvideo". Hinsichtlich der Machart gibt es unterschiedliche Erscheinungsformen; die Auswahl richtet sich nach dem zu vermittelnden Inhalt.

5

Realfilme werden mit einer Video-Kamera aufgezeichnet. Eine Variante sind nachgestellte Szenen, bei denen Personen in Rollen schlüpfen, z. B. zur Vermittlung von Soft Skills. Damit die Szenen nicht gekünstelt wirken, empfiehlt es sich, professionelle Schauspieler hinzuzuziehen. Kein größeres schauspielerisches Talent erfordern Realfilme, bei denen der Fokus (bzw. die Kameralinse) auf die Erklärung eines Gegenstands oder eines Prozesses gerichtet ist, z. B. die Bedienung einer Maschine oder die Durchführung eines Laborversuchs. Der Vorgang kann heutzutage schnell und unkompliziert mit dem Smartphone gefilmt werden. Nach Belieben kann das Vorgehen entweder während der Video-Aufnahme verbal kommentiert oder im Nachgang mit einer Off-Stimme vertont werden.

Erklärvideos sind häufig mit einer Off-Stimme im Storytelling-Stil aus Erzählerperspektive vertont. Die Umsetzungsmöglichkeiten sind so vielfältig wie die Anbieter am Markt: Manche Videos sind komplett oder sequenziell im Zeichenstil erstellt, d. h., eine zeichnende Hand ist im Bild zu sehen, die einen Sachverhalt visualisiert. Andere Videos erinnern an aufwendige Zeichentrickfilme mit animierten Objekten. In Erklärvideos, in denen die Legetechnik eingesetzt wird, werden meist auf Papier gezeichnete oder gedruckte Objekte zur Erklärung eines Sachverhalts auf dem Tisch arrangiert und mit einer Videokamera gefilmt.

Für die Auswahl eines Anbieters ist es empfehlenswert, sich nicht von den vielen technisch-gestalterischen Möglichkeiten verleiten zu lassen, sondern sich unbeeindruckt und kritisch folgende Fragen zu stellen: Was ist zwar technisch bzw. gestalterisch machbar, didaktisch jedoch kontraproduktiv? Was ist hilfreich zur Wissensvermittlung und was kann zugunsten der Wirksamkeit weggelassen werden, z. B. ein Zuviel an Animation, Farben, Details in der Darstellung der Objekte, des Hintergrunds, der Hintergrundmusik, der Sounds etc. Durch dieses „Zuviel" kann es schnell zu einer zu hohen kognitiven Belastung im Arbeitsgedächtnis kommen (Chandler und Sweller 1991, S. 293 ff.). Gemeint ist „die ungünstige Darstellung der Lerninhalte, die mediale Präsentation. Diese Belastungsform bezieht sich auf irrerelevante, unnötige Aktionen, die nichts mit den Lerninhalten zu tun haben" (Jadin 2013, S. 4).

Bildschirmaufzeichnungen sind wie der Name besagt, Aufnahmen vom Geschehen am Bildschirm. Mit entsprechender Software besteht die Möglichkeit, den gesamten Bildschirm oder nur einen bestimmten Ausschnitt mit oder ohne Maus und verbalen Kommentaren zu filmen.

5.2.1 PowerPoint als Autorentool für Lernvideos

Bei der großen Auswahl an Autorentools zur Videoerstellung wird häufig übersehen, dass die meisten die Software zur Konzeption und Produktion von Lernvideos bereits auf ihrem Rechner verfügbar haben: die Office-Anwendung „PowerPoint".

Folgende Gründe machen das üblicherweise zur Erstellung von Präsentationen eingesetzte Programm zu einem starken Autorentool für Lernvideos:

- Der Einstieg ist vergleichsweise einfach, da PowerPoint den meisten nicht unbekannt sein dürfte und damit eine Einarbeitung in ein völlig neues Tool nicht erforderlich ist.
- Es lassen sich leicht Änderungen vornehmen.
- PowerPoint bietet einige Funktionen für die Erstellung und Bearbeitung von Bildern, Audios und Videos.

Folgende Videovarianten sind mit PowerPoint umsetzbar:

1. Ein **Realfilm,** z. B. im Stil eines Vortrags oder eines Interviews, lässt sich mit einer in PowerPoint integrierten Funktion erzeugen, mit der man sein Profil oder einen Vorgang real mit der Webcam aufzeichnet. Der Sprechertext in Notizform oder ausformuliert kann während der Aufnahme unter der Webcam eingeblendet werden und zur

Unterstützung dienen. Ein Vortrag kann auch in Interviewform strukturiert sein, d. h., es werden zwischendurch Fragen eingeblendet, die vom Sprecher beantwortet werden.
2. Eine weitere Machart sind **Erklärvideos.** Für deren Erstellung werden visuelle Objekte, z. B. Bilder, Formen, Textfelder, Screenshots, Grafiken, Videos etc., animiert und mit einer Off-Stimme vertont.
3. **Bildschirmaufzeichnungen** lassen sich ebenfalls mit PowerPoint erstellen. Vorgänge am Bildschirm können mit oder ohne verbale Kommentare und mit oder ohne Mauszeiger aufgezeichnet werden.

5.3 Video-Erstellung mit PowerPoint

Im Folgenden erhalten Sie einen Einblick in die Vorgehensweise bei der Erstellung von Videos mit PowerPoint. Das Vorgehen lässt sich grob in zwei Phasen aufteilen: Konzeption und Produktion. Das Ergebnis des ersten Schritts, der Konzeption, ist das Storyboard. Aus unserer Sicht sollte der Lernbegleiter über die Kompetenz verfügen, ein Storyboard zu erstellen. Für den zweiten Schritt, die Produktion, gibt es zwei Möglichkeiten: Entweder der Lernbegleiter produziert das Lernvideo selbst oder er lässt es von einem externen Anbieter umsetzen.

5.3.1 Phase 1: Konzeption

5.3.1.1 Didaktischen Aufbau planen

Anders als bei den anderen in diesem Buch beschriebenen Lernformaten, in denen außer dem Teilnehmer weitere Personen (Teilnehmer/Trainer) live beteiligt sind, fällt in der **Orientierungsphase** von Lernvideos das Kennenlernen weg. Folgende Informationen gehören hingegen zur Orientierungsphase:

- Aussagekräftiger Videotitel
- Lernziel
- Dauer inklusive weiterer Bearbeitungszeit für zusätzliche Aufgaben
- Informationen darüber, was der Teilnehmer vorbereitend tun sollte (z. B. Schreibmaterial zurechtlegen/Arbeitsblatt ausdrucken/Kopfhörer bereitlegen etc.)

- Stellung des Videos innerhalb des gesamten Lernprozesses (Wie ist das Video mit vorherigen und kommenden Modulen verzahnt?)
- Aufgaben zur Anwendung des Inputs sowie Notwendigkeit ihrer Erledigung in Bezug auf kommende Module und/oder den Lernerfolg insgesamt
- Tipps zum Umgang mit dem Lernvideo

Mit dem letzten Punkt sind z. B. Empfehlungen für Notizen gemeint. Denn das Anfertigen von eigenen Notizen ist grundsätzlich förderlich für das Lernen – jedoch trifft dies nicht zu, wenn es parallel zum laufenden Video erfolgt (vgl. Ash und Carlton 1953, S. 121 ff.). Aber: „Durch die Implementation einfacher interaktiver Funktionen (z. B. Stoppen) gibt man den Lernenden jedoch die Möglichkeit, die Präsentation jederzeit zu unterbrechen, um ungestört Notizen anfertigen zu können, ohne dabei wesentliche Inhalte des Videos zu verpassen" (Merkt 2015, S. 5).

Da für das Anschauen eines Lernvideos und die Bearbeitung weiterer Aufgaben die Selbststeuerungskompetenz des Lerners gefordert ist, sollte in der **Hinführung** die Relevanz des Inhalts für den Lerner verdeutlicht werden. Die ersten Sekunden des Videos entscheiden, ob der Teilnehmer nicht nur innerlich, sondern auch per Mausklick abschaltet. Je nach zu vermittelndem Inhalt besteht die Möglichkeit, mit der Darstellung des Problems der Teilnehmer zu starten, für dessen Lösung das Video neue Impulse verspricht. Weitere Gestaltungsideen für die Hinführung sind Reflexionsfragen, die an die Erfahrung der Teilnehmer anknüpfen, ein passendes, zum Nachdenken anregendes Zitat, eine Schätzfrage, deren Auflösung zu einem Aha-Erlebnis führt, und auch Humor.

Je nach Thema eignen sich für die **Inhalte erschließen** unterschiedliche Strukturierungsmöglichkeiten. Wollen Sie zum Beispiel einen Prozess im Video erklären, können Sie zunächst einen kurzen Überblick über alle Schritte des Prozesses geben und danach jeden einzelnen Prozessschritt der Reihe nach erläutern. Geht es in Ihrem Video beispielsweise darum, einen Überblick über Softwarefunktionen zu vermitteln, können Sie Funktion für Funktion erklären. Ein Video, in dem es um die Vermittlung von Lösungstipps geht, können Sie nach den zu vermittelnden Tipps strukturieren (z. B. „5 Tipps zur Vorbereitung einer Präsentation"). Auch Storytelling bietet eine Strukturierungsmöglichkeit, wenn es um Lösungsstrategien geht: Bei dieser Methode wird eine Story über einen Hauptprotagonisten aus Erzählerperspektive dargelegt, der ein Problem hat, das den Lernern bekannt ist, und dieses im Verlauf durch geeignete Strategien löst. Storytelling erweist sich dabei als wirksame Lernmethode: „Die schönste Form, sich etwas zu merken ist, es in Bildern auszudrücken. Wir denken sehr gerne in Bildern, denn sie sind nicht nur kognitiv sondern auch emotional reichhaltiger. Und die sprachliche Entsprechung eines Bildes ist die Erzählung und die Geschichte" (Hüther 2017). Je nach Umfang des Erklärungsbedarfs kann es sinnvoll sein, den Inhalt auf mehrere kleine Videos aufzuteilen. Dies wird auch „Segmentierungsprinzip" genannt (vgl. Mayer 2009, S. 175 ff.). Das hat auch den Vorteil, dass die Lerner ihr Lerntempo selbst bestimmen und per Menü zielgerichtet einzelne Parts aus dem gesamten Lernstoff auswählen können. In ihrer Gesamtheit sollten die Einzelvideos bestenfalls einen Lerndiamanten ergeben.

Zum **Inhalte verarbeiten** bietet es sich an, den Lernern eine Aufgabe mitzugeben, die sie unter Anwendung des im Video Gelernten in ihrer Praxis umsetzen sollen. Je nach Inhalt können hier Beobachtungs-, Reflexions-, Praxis- und Vorbereitungsaufgaben für das nächste Modul eingesetzt werden. Wird das Video in ein mehrseitiges Lernarrangement eingebunden, lassen sich hier auch Wiederholungen, wie Multiple-Choice- oder Drag-and-Drop-Aufgaben, stellen. Damit können die Lerner für sich selbst überprüfen, ob sie die Inhalte verstanden haben. In dieser Phase kann auch informelles Lernen genutzt werden: Die Lerner können z. B. angeregt werden, ihre Gedanken zum Video in einem Forum zu teilen und die der anderen Lerner zu kommentieren.

Falls das Video in einen Lernprozesses eingebunden ist, eignet sich der **Ausstieg,** um einen Ausblick auf das nächste Modul zu geben. Auch ein Impressum sollte am Ende des Videos zu finden sein.

5.3.1.2 Video-Format auswählen

In diesem Schritt geht es um die Frage, welches der Videoformate sich am besten zur Darbietung der Informationen eignet.

- **Realfilme** sind das Mittel der Wahl, wenn möglichst realitätsnah ein Vorgang bzw. ein Sachverhalt dargestellt werden soll. Die Bedienung einer Kaffeemaschine lässt sich z. B. mit einfachen Mitteln filmen und damit praxisnah erklären. Ein Vortrag oder Interview ist immer dann geeignet, wenn die vortragende oder befragte Person eng mit dem Gegenstand der Wissensvermittlung im Zusammenhang steht und somit von ihr unterstützt wird. Die Vortrag-Sequenz eines uniformierten Feuerwehrmanns eignet sich z. B. gut, um einen Input zum Thema „Brandschutz" glaubhaft zu vermitteln.

■ Tab. 5.1 Beispiel für Videoformen

Phase	Video-Format
Orientierungsphase/Hinführung	Realfilm „Vortrag" (Lernbegleiter)
Hinführung	Erklärvideo
Inhalte erschließen	Realfilm
Inhalte verarbeiten	Bildschirmaufzeichnung (zur Bedienungsanleitung des Forums, in dem die Teilnehmer sich über das Gelernte im Video austauschen sollen)
Ausstieg	Realfilm „Vortrag" (Lernbegleiter)

- **Erklärvideos** empfehlen sich, wenn etwas real nicht wahrnehmbar ist und damit nicht abgefilmt werden kann. Zur Erklärung eines Modells oder einer Theorie beispielsweise ist ein Erklärvideo geeignet, da es sich hierbei um eine Ansammlung von Gedanken handelt, die sich nicht per Videokamera abbilden lassen. Auch wenn der Sachverhalt zu komplex ist, um ihn zu filmen, und vereinfacht dargestellt werden soll, oder aber der Dreh schlichtweg zu aufwendig wäre, ist ein Erklärvideo das Mittel der Wahl.
- **Bildschirmaufzeichnungen** eignen sich vor allem für die Vermittlung von Vorgängen innerhalb einer Software.

Außerdem besteht die Möglichkeit, verschiedene Videoformen entweder innerhalb eines Lernvideos oder einer Lernvideo-Reihe miteinander zu kombinieren, z. B. wie in dem in ■ Tab. 5.1 dargestellten Beispiel.

Auch die Einbettung eines oder mehrerer Videos in ein Lernarrangement, bestehend aus mehreren Bildschirmseiten, ist denkbar: Videos können so mit interaktiven Aktionen, z. B. Multiple-Choice-Aufgaben, verknüpft oder mittels einer Menüseite individuell angesteuert werden.

5.3.1.3 Sprechertext formulieren

Ein guter Sprechertext ist die Basis eines professionellen Lernvideos. Auf seiner Grundlage werden in einem nächsten Schritt passende Bilder ausgewählt. Außerdem kann anhand der Anzahl der Worte die Länge des gesamten Videos abgeschätzt werden. Gesprochen sollte ein Sprechertext nicht länger als drei bis vier Minuten dauern.

Alle weiteren Gestaltungsschritte bauen auf dem Sprechertext auf und unterstützen seine Botschaft. Das Video kann nur so gut werden wie der Sprechertext formuliert ist. Daher sollte der Entwicklung des Sprechertextes viel Sorgfalt eingeräumt werden.

Ein gelungener Sprechertext sollte seine Relevanz für den Lernenden zum Ausdruck bringen sowie verständlich und unterhaltsam formuliert sein.

Relevanz wird vermittelt, indem der Text gut auf die Zielgruppe und deren Anliegen abgestimmt ist. Stellen Sie sich bei der Formulierung vor, Sie sprechen mit der Zielgruppe. Nach dem „Personalisierungsprinzip" unterstützt es den Lernvorgang, wenn der Sprechertext in direkter Ansprache, also wie in einem Gespräch, formuliert ist (Mayer 2009, S. 242 ff.). Antizipieren Sie dabei auch mögliche Gedanken der Zielgruppe („Jetzt fragen Sie sich vielleicht …"). Nutzen Sie gesprochene, also nicht geschriebene Sprache, so, als würden Sie einen Vortrag halten und keinen Text schreiben. Bauen Sie Beispiele und „Buzz-Wörter" aus dem Alltag der Lerner ein. Passen Sie den Text an ihre Sprache an. Um den Text verständlich zu machen, formulieren Sie kurze Sätze. Achten Sie darauf, den in der Struktur festgelegten roten Faden einzuhalten und ihn den Lernern immer wieder aufzuzeigen, in dem Sie bspw. nach einem Sinnabschnitt kurz das Wichtigste zusammenfassen. Vermeiden Sie Fremdworte. Falls Sie nicht darauf verzichten können, erklären Sie sie. Auch Substantivierungen machen einen Text schwerer verständlich. Lassen Sie alles Unnötige weg, sowohl unnötige Fakten als auch Worte zur Erklärung. Unterhaltsam wird ein Sprechertext durch humorvolle Anteile, Spannungsaufbau und indem er Emotionen bei den Teilnehmern auslöst. Immer dann, wenn der Sprechertext visuell dargestellt bzw. unterstützt werden soll, wie bei einem Erklärvideo, ist es besonders wichtig, dass schon beim Schreiben Bilder in Ihrem Kopf entstehen. Denn nur dann ist Ihr Text auch gut in einem der nächsten Schritte zu illustrieren. Dies gelingt durch:
- Beispiele
- Bildhafte Redewendungen (jemanden auf die Palme bringen, den Wald vor lauter Bäumen nicht sehen)
- Metaphern/Vergleiche aus dem Alltag
- Storytelling, d. h., alle Fakten in eine große Rahmengeschichte kleiden oder mehrere kleine Anekdoten

Als Arbeitsmittel eignet sich für diesen Schritt eine einfache Word-Datei mit folgender Struktur (◘ Tab. 5.2):

◘ **Tab. 5.2** Word-Datei als Arbeitshilfe

Phase	Inhalt	Sprechertext
Hinführung		
Inhalte erschließen		
Inhalte verarbeiten		

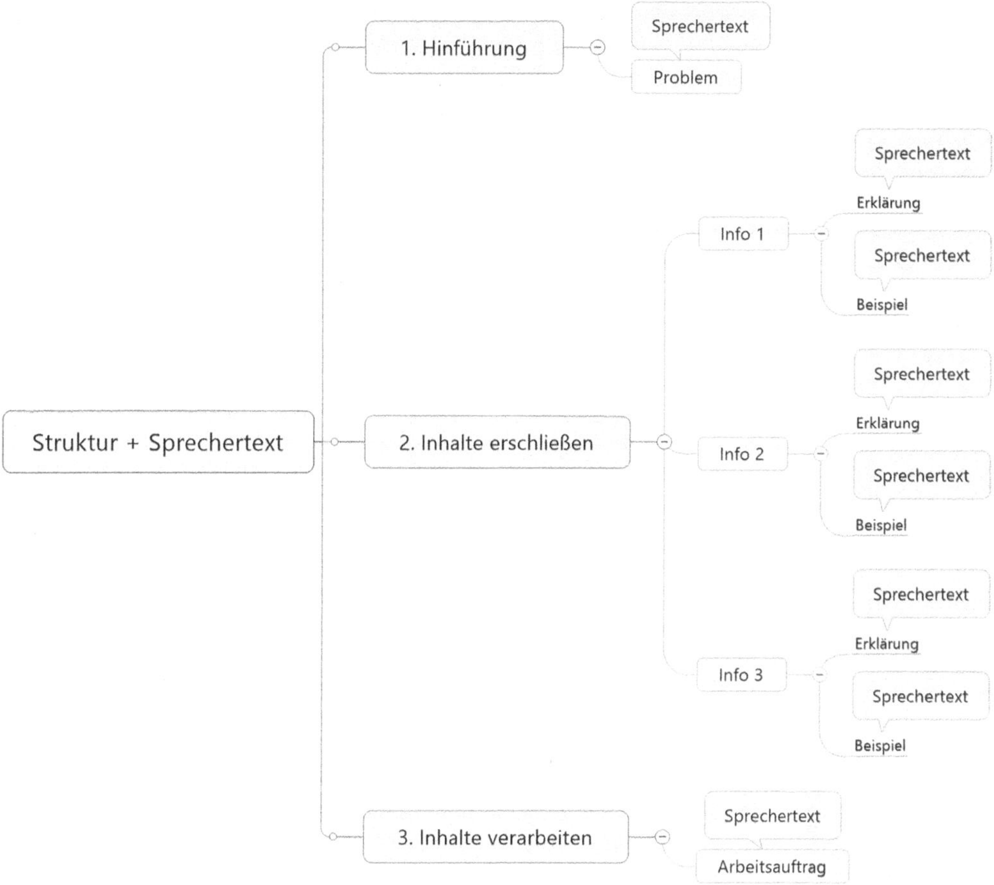

◘ Abb. 5.1 Struktur und Sprechertext

Wem dieses Raster zu grob ist, der kann als Vorbereitung auf diesen Schritt auch ein Mindmap-Programm nutzen und die Informationen noch feiner/detaillierter vorstrukturieren (◘ Abb. 5.1).

5.3.1.4 Storyboard entwickeln

Da die Vorgehensweise bei der Erstellung eines Bildschirmvideos in PowerPoint sich von den der anderen beiden Formen am stärksten unterscheidet und sich dieses Videoformat nur für einen begrenzten Anwendungsbereich, der Vermittlung von PC-Vorgängen, eignet, soll es in den nächsten Schritten vor allem um die Erstellung von Storyboards der anderen beiden Formen gehen.

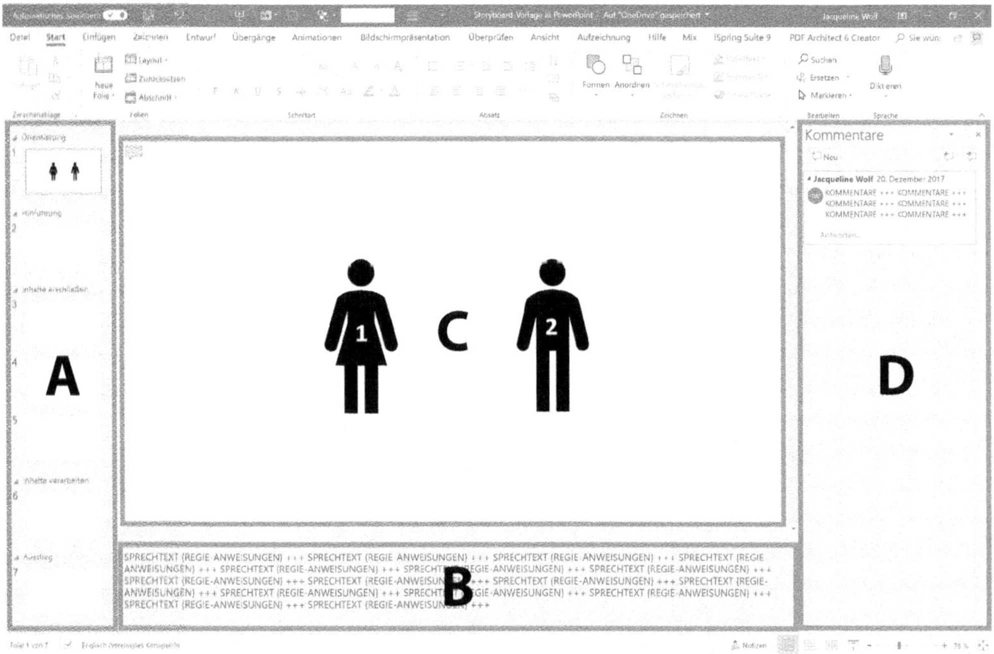

■ **Abb. 5.2** Storyboard-Vorlage in PowerPoint

Grundlage des Storyboards ist der Sprechertext, der in diesem Schritt zu einem Storyboard weiterentwickelt wird. Beim Storyboard handelt es sich um ein bebildertes Drehbuch, d. h. ein mit Regieanweisungen ergänzter Sprechertext, der zusätzlich mit Bild-Skizzen aufbereitet ist. Konkret stellt man sich in diesem Schritt die Frage: Mit welchen visuellen Darstellungen (und Sounds) kann ich meinen Sprechertext unterstützen? Für diesen Schritt sind einfache Skizzen zur Vorstellung zunächst ausreichend. In der ■ Abb. 5.2 sehen Sie eine Vorlage, wie Sie die Funktionen in PowerPoint für die Erstellung eines Storyboards nutzen können (■ Abb. 5.2):

1. **Sequenzen-Einteilung:** Unterteilen Sie zunächst Ihren Sprechertext mit Überschriften in einzelne Sequenzen. Eine Sequenz kann definiert sein durch einen neuen Ort, einen neuen Zeit- oder Handlungsabschnitt oder einen neuen Gedanken. Unterteilen Sie nun Ihre PowerPoint-Präsentation gemäß dem Lerndiamanten-Modell in fünf Abschnitte (A): Orientierung, Hinführung, Inhalte erschließen, Inhalte verarbeiten und Ausstieg. Fügen Sie so viele Folien in die definierten Abschnitte ein, wie Sie Sequenzen für diese Abschnitte definiert haben. Jede Folie

bietet Platz für die Beschreibung einer Sequenz. Kopieren Sie den Sprechertext der einzelnen Sequenzen jeweils in die Notizfelder der jeweiligen Folien (B).

2. **Szenen-Gestaltung:** Überlegen Sie nun, was auf dem Bildschirm passieren soll, während der Sprechertext zu hören ist. Bei einem reinen Videoformat „Vortrag" ist das nur das Videobild des Vortragenden (◘ Abb. 5.3).
Möchten Sie einen Vortrag mit einem Erklärvideo kombinieren, d. h. neben Ihrem Videobild sollen auch zum Sprechertext passende Objekte zu sehen sein, können Sie z. B. Ihr Videobild auf der linken Seite der Folie skizzieren und die Objekte auf der rechten Seite (◘ Abb. 5.4).
Beim Format eines reinen Erklärvideos können Sie die gesamte Folie nutzen, um zum Sprechertext passende visuelle Objekte zu arrangieren (◘ Abb. 5.5).
Nachdem Sie die Objekte auf der Folie angeordnet haben, nummerieren Sie diese durch (C). Kennzeichnen Sie nun im Sprechertext Ihre Regieanweisungen (B) an den Stellen, an denen die Regieanweisung visuell umgesetzt werden soll. Die Regieanweisungen beschreiben, wann was mit dem entsprechenden Objekt zeitlich innerhalb des gesprochenen Textes passieren soll, also was zu sehen bzw. zu hören sein soll. Nutzen Sie zu ihrer Kennzeichnung z. B. geschweifte Klammern ({}; Beispiel: Die Frau {2 läuft von links außen aufs Bild} kommt zur Tür hinein und der Mann {1 läuft nach rechts aus dem Bild} verlässt den Raum). Achten Sie bei der Platzierung der Regieanweisungen genau darauf, dass Bild und Handlung mit dem Sprechertext synchronisiert sind, da das Video sonst verwirrend wirkt.
3. **Kommentierung:** Die Kommentar-Funktion kann zum Austausch mit einem Projektteam (falls vorhanden) oder für eigene Notizen zur Szenengestaltung während der Konzeptions- und Produktionsphase genutzt werden. Zum Beispiel kann genauer beschrieben werden, wie die skizzierten Objekte visuell dargestellt werden sollen (D).
Die Kunst der Entwicklung eines guten Storyboards besteht darin, eine gute Balance zwischen einem „Zuwenig" und einem „Zuviel" an Reizen zu finden. Reize sind in diesem Zusammenhang Bilder, Text, Animationen, Farben und Sounds. Denn ein Zuviel lenkt vom eigentlichen Inhalt ab und ein Zuwenig langweilt den Lerner. Eine gute Faustregel lautet daher: Ein Bild pro Gedanke. Somit sollte immer etwas auf dem Bildschirm passieren, aber nicht zu viel zur gleichen Zeit.

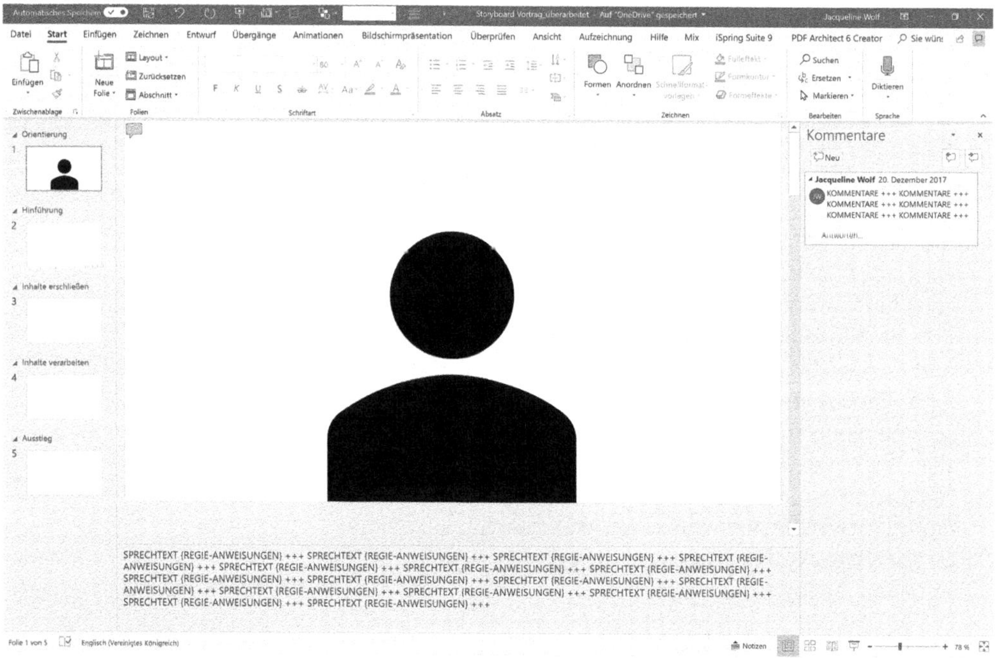

Abb. 5.3 Storyboard-Vortrag

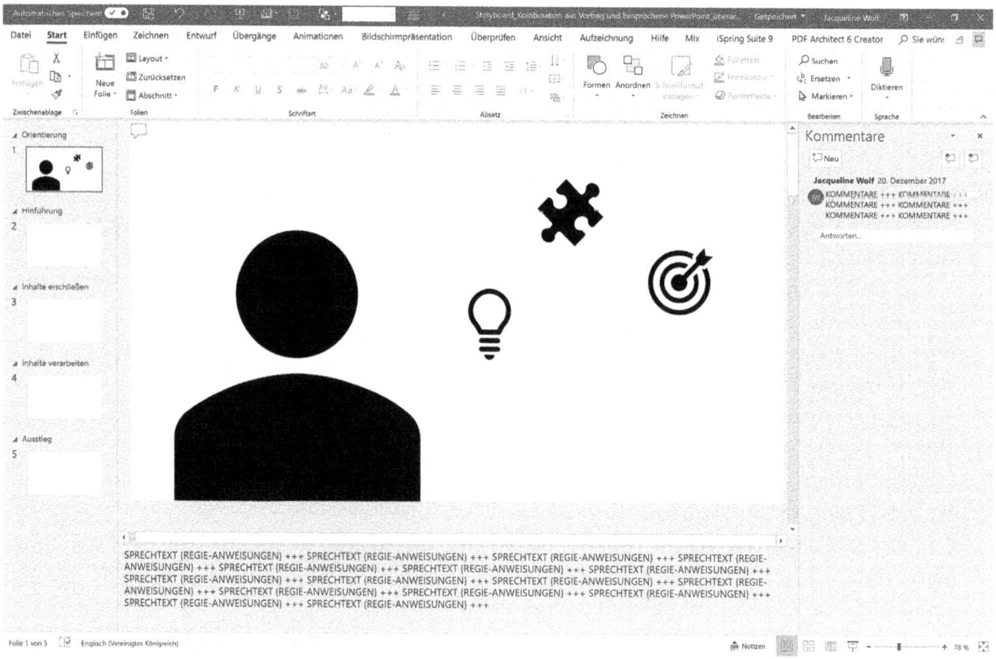

Abb. 5.4 Storyboard-Kombination aus Realfilm (Vortrag) und Erklärvideo

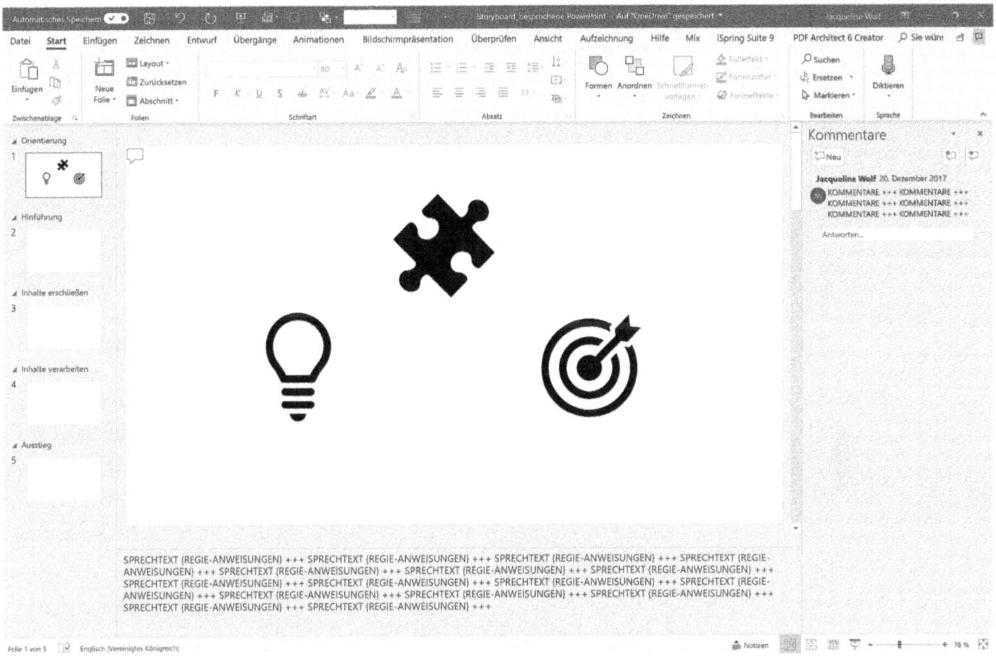

Abb. 5.5 Storyboard Erklärvideo

5.3.2 Phase 2: Produktion

5.3.2.1 Storyboard illustrieren

Im Kern geht es in diesem Schritt darum, die im vorherigen Schritt skizzierten **Objekte** auf den Folien durch „vorzeigbare" Bilder zu ersetzen. Hierfür sind der Kreativität keine Grenzen gesetzt – es sollte nur nicht unruhig wirken und damit vom Inhalt ablenken. Geeignet sind alle Bilder, die zum Sprechertext passen und das Gesagte unterstreichen. Die Bilder sollten vor allem ausdrucksstark und eindeutig sein. Im Kapitel „Online-Trainings" finden Sie Elemente zur visuellen Foliengestaltung, die für Lernvideos und Online-Trainings gleichermaßen gelten (vgl. S. 75).

Der Hintergrund sollte möglichst neutral gestaltet sein, um nicht vom im Vordergrund dargestellten Inhalt abzulenken. Anders ist es, wenn die Umgebung Teil des didaktischen Konzepts ist und hilft, den Inhalt glaubwürdig zu vermitteln. Der größtmögliche Kontrast zum Vordergrund ergibt sich durch einen weißen Hintergrund. Für das Format „Vortrag" bedeutet dies, möglichst einen ruhigen, klaren Hintergrund, wie eine weiße Wand, und eine gute Beleuchtung zu wählen. Für ein Erklärvideo empfiehlt sich eine weiße Folie.

Insgesamt sollten Sie sich bei der Gestaltung nach dem eigenen Corporate Design oder dem des Kunden richten – je nachdem für wen Sie das Video erstellen. Falls Sie ein Video speziell für einen Kunden produzieren, kann es hilfreich sein, sich nach nutzbarem Bildmaterial (Fotos/Icons) und nach einer vorhandenen PowerPoint-Vorlage zu erkundigen.

5.3.2.2 Objekte animieren

Wenn die Objekte auf der Folie angeordnet sind, können sie entsprechend der Regieanweisungen innerhalb des Sprechertextes animiert werden. In PowerPoint finden sich zahlreiche Animationseffekte für den Eingang, die Hervorhebung und den Ausgang der Effekte sowie Animationspfade. Startpunkt und Dauer einer Animation können individuell angepasst werden. Ein Objekt kann mehrfach animiert werden. Auch passende Sounds lassen sich hinzufügen. In diesem Schritt „ist darauf zu achten, dass die Sprechertexte jeweils gut zum dargestellten Bild synchronisiert werden" (Niegemann et al. 2004, S. 153). Hier lohnt es sich nochmals zu überprüfen, ob die zuvor formulierten Regieanweisungen an der richtigen Stelle im Sprechertext positioniert sind.

5.3.2.3 Folien vertonen

Je nach Fähigkeit, Lust und Budget kann man ein Erklärvideo entweder selbst vertonen oder dies einem professionellen Sprecher überlassen. Bei der Video-Variante „Vortrag" besteht diese Wahl selbstverständlich nicht. Nach dem „Stimmprinzip" sollte immer eine menschliche Stimme gewählt werden, keine Computerstimme (Mayer 2009, S. 257 f.).

Sie benötigen zur Vertonung ein gutes Mikrofon und einen ruhigen und hallarmen Raum.

Beim Format „Vortrag" filmt man sich selbst, während man seinen Sprechertext präsentiert. Diesen können Sie, während Sie sprechen, unter der Webcam einblenden, sodass Sie bei den Lernern das Gefühl von Blickkontakt erzeugen. Der Text sollte nicht abgelesen klingen.

Handelt es sich bei Ihrem Video um ein Erklärvideo bzw. um eine Kombination aus Vortrag und Erklärvideo, können Sie die zuvor erstellten Animationen während des Sprechens auslösen und aufzeichnen. Damit die Klickgeräusche nicht zu hören sind, empfiehlt es sich, eine Fernbedienung zu nutzen. Bei einem Vortrag, der mit animierten Objekten kombiniert werden soll, ist es wichtig, Vortrag und animierte Objekte gut aufeinander abzustimmen. Tipps zum Sprechen finden Sie auf S. 74.

Neben zahlreichen Animationsmöglichkeiten bietet PowerPoint auch viele Übergänge zwischen den Folien. Es empfiehlt sich, diese erst nach dem Sprechen einzufügen, da sie bei der Aufzeichnung stören können. Sie sollten ebenfalls stimmig zum Sprechertext ausgewählt werden.

5.3.2.4 Video exportieren

Nun kann die besprochenen Folien zu einer Video-Datei (z. B. MP4) konvertiert werden. Dabei kann man sich bezüglich Größe und Qualität des Videos von „Standard“ bis „Full HD“ entscheiden. Das fertige Video kann den Teilnehmern nun z. B. über eine Lernplattform entweder frei oder eingebettet in ein Lernarrangement zur Verfügung gestellt werden.

Literatur

Arnold, P., Killian, L., Thillosen, K., & Zimmer, G. (2015). *Handbuch E-Learning: Lehren und Lernen mit digitalen Medien* (4. Aufl.). Bielefeld: W. Bertelsmann Verlag.

Ash, P., & Carlton, B. J. (1953). The value of notetaking during film learning. *British Journal of Educational Psychology, 23,* 121–125.

Chandler, P., & Sweller, J. (1991). Cognitive load theory and the format of instruction. *Cognition and Instruction, 8,* 293–332.

Hüther. 2017. ► https://www.presseportal.de/pm/6344/3573873.

Jadin, T. (2013). Multimedia und Gedächtnis: Kognitionspsychologische Sicht auf das Lernen mit Technologien. In M. Ebner & S. Schön (Hrsg.), Lehrbuch für Lehren und Lernen mit Technologien. ► https://www.pedocs.de/volltexte/2013/8346/pdf/L3T_2013_Jadin_Multimedia_und_Gedaechtnis.pdf.

Kerres, M. (2013). Mediendidaktik: Konzeption und Entwicklung mediengestützer Lernangebote (4., überarb. u. aktual. Aufl.) München: Oldenbourg.

Mayer, R. E. (2009). *Multimedia learning.* Cambridge: Cambridge University Press.

Merkt, M. (2015). Didaktische Optimierung von Videos in der Hochschullehre. ► https://www.e-teaching.org/etresources/pdf/erfahrungsbericht_2015_merkt_didaktische_optimierung_video.pdf.

mmb Institut. (2017). Weiterbildung und Digitales Lernen heute und in drei Jahren: Corporate Learning wird zum Cyber-Learning. Ergebnisse der 11. Trendstudie „mmb Learning Delphi“. ► http://www.mmb-institut.de/mmb-monitor/trendmonitor/mmb-Trendmonitor_2017_I.pdf.

Niegemann, H. M., Hessel, S., Hochscheid-Mauel, D., Aslanski, K., Deimann, M., & Kreuzberger, G. (2004). *Kompendium E-Learning: 10 Video in E-Learning Umgebungen*. Berlin: Springer.

Informelles Lernen

J. Sammet, J. Wolf, *Vom Trainer zum agilen Lernbegleiter*,
https://doi.org/10.1007/978-3-662-58510-8_6

6

Ausgangspunkt der Learning Revolution sind die Auswirkungen der Digitalisierung: Konsequente Kundenorientierung und immer kürzere Innovationszyklen erfordern agiles Arbeiten statt klassischer Linienfunktionen. Agiles Arbeiten wiederum erfordert agiles Lernen. Die Praxis informellen Lernens kommt dem sehr nahe: Informelles Lernen „geschieht". Da die Lerner selbst bestimmen, was sie lernen wollen, folgt Lernen meist eher dem Grundsatz „gelernt wird, was hilft" als einem ausgeklügelten didaktischen Plan. Typisch ist, dass sich Phasen des „Selbstlernens" mit Phasen des „Lernen mit und durch andere(n)" (Social Learning) abwechseln. Karlheinz Pape bezeichnet ein solches Lernen als „Lernen in Netzwerken". In seinem Blog schreibt er dazu: „Jede neue Herausforderung am Arbeitsplatz will bewältigt werden. Entweder man probiert es einfach, oder man fragt KollegInnen, oder man sucht nach Dokumenten, Büchern, oder anderen Wissensquellen, bis man sein aktuelles Problem gelöst hat – und entsprechend handeln kann" (Pape 2016).

Der „7th Annual Learning in the Workplace Survey" der Bildungsexpertin Jane Hart bestätigt diese Einschätzung:

> » The 5 most valued ways of learning at, for or through work are Daily work experiences, Knowledge sharing with teamsas well as Web resources, Web search and Professional Networks and Communities. These are, in fact, all self-organised (and self-managed) forms of learning. Whereas, traditional organised learning initiatives like Classroom training and E-Learning sit right at the bottom of the list along with Conferences and other events. Feedback and guidance from managers and coaches, as well as internal resources fall squarely in the middle of the results (Hart 2018a).

Lernen folgt somit keinem linearen Prozess, sondern besteht aus verschiedenen Aktivitäten, die höchst unterschiedlich zusammenhängen können. In einem solchen Szenario verschwimmt die Unterscheidung zwischen „Lernen" und „Arbeiten" (◘ Abb. 6.1).

▪ Selbstgesteuertes und geleitetes informelles Lernen

Hinsichtlich der Umsetzung von informellem Lernen lassen sich zwei Varianten unterscheiden: selbstgesteuertes und geleitetes informelles Lernen. Beim selbstgesteuerten informellen Lernen entscheidet der Lerner nicht nur über Lernziel und Lernstoff, sondern auch über die Vorgehensweise, also über Lernzeit und -rhythmus. Beim geleiteten informellen Lernen hingegen wird der Prozess für die Lerner strukturiert. Für beide Varianten gibt es vielfältige Möglichkeiten der Gestaltung.

Für selbstgesteuertes informelles Lernen bieten sich folgende Lernformate an:

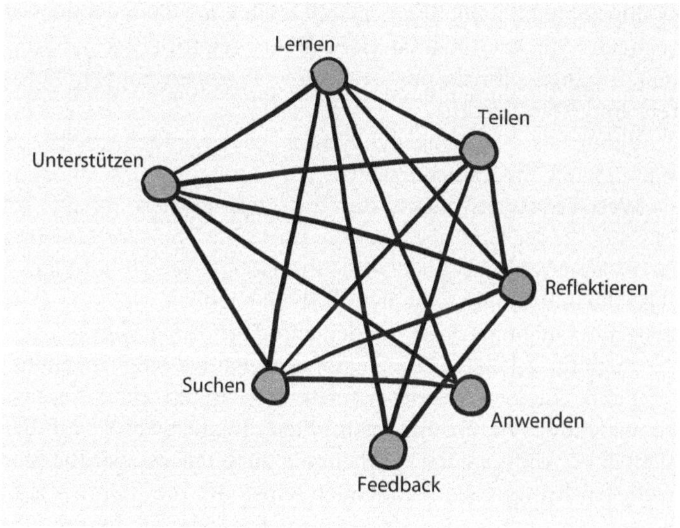

Abb. 6.1 Lernen in Netzwerken

Am populärsten sind sicherlich **Communities,** in denen Wissen und Erfahrungen geteilt werden. Bekannt ist etwa die von Stepper entwickelte Methode „Working out Loud" (vgl. Stepper 2015). Hier verwischen die Grenzen von Arbeit und Lernen. Grundprinzip ist, eigene Erfahrungen, die in der Praxis gesammelt werden, mit anderen zu teilen. Eng mit Communities zusammen hängt **User Generated Content.** Hier erzeugen Praktiker durch das Transparentmachen ihrer Arbeit Inhalte, die als Lernstoff für andere dienen. Im privaten Bereich ist diese Art des Lernens von Blogs, YouTube-Videos und Twitter bereits länger bekannt und hält auch in die Unternehmenswelt zunehmend Einzug.

In einem **Blog** werden Erfahrungen aufgeschrieben. Blogartikel werden in chronologischer Reihenfolge veröffentlicht und können in der Regel von den Lesern kommentiert werden.

Bei **Podcasts** handelt es sich um Audios zu bestimmten Themen, die somit zum Lernen angehört werden können. Podcasts haben den Vorteil, dass mit ihnen Lernen beiläufig neben anderen Tätigkeiten, z. B. Zug fahren, geschehen kann.

In **Foren** können sich Mitarbeiter zu bestimmten Fragestellungen schriftlich austauschen. Ein Teilnehmer notiert einen Beitrag, z. B. eine Fragestellung, und die anderen Teilnehmer können diesen Beitrag kommentieren. Jeder Beitrag, auch von Kommentatoren, kann kommentiert werden. Hierdurch entstehen sogenannte Threads, wodurch der Leser die Diskussion verfolgen kann.

Ein **Wiki** besteht aus Beitragsseiten. Per Link gelangt der Lerner von einer zu einer anderen Seite des Wikis, wodurch es ihm möglich wird, Themen innerhalb eines Textes weiter zu vertiefen. Um die Qualität eines Wikis gewährleisten zu können, erhalten oftmals nur bestimmte Personengruppen Autoren- und Adminrechte.

Video als Möglichkeit, Wissen zu vermitteln, wird in ▶ Kap. 5 ausführlich beschrieben.

Web Resources meint die frei zugänglichen Inhalte im Internet. In der Umfrage von Jane Hart „Top Tools for Learning 2018" kam YouTube auf Platz 1 und Google Search auf Platz 3 (vgl. Hart 2018b). In manchen Blogs kursiert die Meinung, dass man nicht mehr als diese Quellen zum Lernen benötige.

Auch für geleitetes Lernen gibt es vielfältige Möglichkeiten:

Beim einem **Barcamp** handelt es sich um eine Präsenzveranstaltung zu einem bestimmten Themengebiet, auf der sich über Anliegen der Teilnehmer ausgetauscht wird. Diese Anliegen bringen die Teilnehmer selbst ein, dies können z. B. Fragen sein, auf die sie Antworten suchen, oder ein bestimmter Input, z. B. Arbeitsergebnisse, die sie in Form eines Impulsvortrags vorstellen und diskutieren möchten. Der Lernbegleiter kann die Rolle des Organisators und Moderators einnehmen: Er lädt die passenden Mitarbeiter zur Veranstaltung ein, erstellt einen Session-Plan und moderiert die Veranstaltung. Die Teilnehmer können sich sowohl in der Rolle als Session-Geber als auch in der des Session-Teilnehmers einbringen. Es empfiehlt sich, die Teilnehmer vorab zu bitten, Themen einzureichen, damit der Lernbegleiter den Ablauf planen kann. Barcamps werden gelegentlich auch als „Unkonferenz" bezeichnet, um die Abgrenzung zu den meist sehr formalen, klassischen Konferenzen zu verdeutlichen.

In der **kollegialen Beratung** werden konkrete Fälle in fünf Schritten bearbeitet und Lösungen entwickelt. Sie kann sowohl online als auch in Präsenz stattfinden. Die Teilnehmer nehmen die Rolle des Fallgebers und/oder des Beraters ein. Die Aufgabe des Lernbegleiters besteht darin, die kollegialen Beratungen zu moderieren. Es werden fünf Stufen durchlaufen: 1) Fallgeber schildert seinen Fall, 2) Gruppe stellt Verständnisfragen, 3) Gruppe bildet Hypothesen zu Ursachen und Hintergründen des Falls, 4) Gruppe leitet Lösungsansätze aus den Hypothesen ab, 5) Fallgeber fasst die wichtigsten gewonnenen Impulse zusammen.

Beim **Mentoring** geht es um die Weitergabe von Erfahrungswissen eines Mentors an einen Mentee in einer 1:1-Beziehung. Das Mentoring kann sowohl online als auch in Präsenz stattfinden. Aufgabe des Lernbegleiters kann es sein, Mentorenprogramme zu implementieren, passende Mentoren für Mentees zu finden und Mentoren mit wichtigen Kompetenzen wie Feedback-Geben, Coaching etc. zu qualifizieren.

Beim **Shadowing** wird ein Mitarbeiter von einem Lernbegleiter oder auch von einem Kollegen aus einem anderen Tätigkeitsbereich bei seinen Aufgaben begleitet, um neue Impulse zu Verhaltens- und Herangehensweisen zu erhalten. Derjenige, der das Shadowing durchführt, hat die Aufgabe, den Mitarbeiter bei seiner Arbeit zu beobachten, ihm Feedback und Tipps zur Optimierung zu geben.

Bei einer **Lunch and Learn** bzw. **Brownbag-Session** handelt es sich um eine informelle Lernveranstaltung, die während der Mittagspause stattfindet. Mitarbeiter präsentieren einen Input zu einem Thema, über den sich im Anschluss ausgetauscht wird. Der Unterschied zwischen beiden Formaten besteht darin, dass bei einem Lunch and Learn das Essen bereitgestellt wird und bei einer Brownbag-Session die Teilnehmer ihr Essen selbst mitbringen.

Ein **Lernespresso** ist ein kurzer Lernimpuls (max. 15 min), z. B. im Anschluss an einen Kantinenbesuch oder auch als Online-Veranstaltung.

Zu einem **Kamingespräch** verabredet sich eine Gruppe, die aus wenigen Mitgliedern besteht, zu einem Lernthema, um in entspannter Runde voneinander zu lernen.

Auf einem **Hackaton** geht es darum, innovative Lösungen zu finden, z. B. ein neues Produkt zu entwickeln. Nachdem das Thema vorgestellt wurde, entwickeln die Teilnehmer in kleinen Teams Ideen und arbeiteten diese mit dem Ergebnis eines Prototyps aus. Der zeitliche Umfang von Hackatons liegt zwischen 24 und 48 Stunden. Es soll eine lockere und gemütliche Atmosphäre herrschen, sodass sich viel Kreativität entfalten kann. Der Hackaton endet mit der Vorstellung der entwickelten Prototypen vor einer Jury und einer Preisverleihung.

▪ Wann formales und wann informelles Lernen?

Die Digitalisierung macht nicht nur informelles Lernen erforderlich, sie hat gleichzeitig die Umsetzungsmöglichkeiten hierfür in den letzten Jahren explodieren lassen. Einige Stimmen prophezeien sogar das Ende formalen Lernens und damit eine Zukunft, die dem informellen Lernen gehört.

Informelles Lernen gewinnt vor allem zur Lösung von Performance-Problemen an Bedeutung, bei denen bisherige oder allgemeine formale Lernwege nicht weiterhelfen. Dies ist z. B. dann der Fall, wenn aufgrund veränderter Arbeitsbedingungen neue Kompetenzen gebraucht werden, zu deren Erwerb z. B. mangels Klarheit über Lernziel und Inhalt kein formaler Lernprozess existiert bzw. konzipiert werden kann. Auch wenn die Umsetzung eines formalen Lernprozesses organisatorisch erst zu spät erfolgen könnte, der Kompetenzerwerb jedoch kurzfristig erfolgen muss, um ein Praxisproblem zu lösen, wird informelles Lernen notwendig.

Beispiel

Praxis-Beispiel zum informellen Lernen

Auch wir kamen im Sommer 2013 in eine Situation, die agiles Lernen erforderte. Erstmalig haben wir eine Anfrage zur Vermittlung von Trainerkompetenzen erhalten, der wir mit unserer bisherigen Herangehensweise nicht gerecht werden konnten. Unsere bisherige Herangehensweise bestand aus einer Ausbildung mit 15 Präsenztagen, verteilt auf drei fünftägige Module. Der Kunde stellte uns jedoch vor die Herausforderung, seine Mitarbeiter nur für maximal acht Präsenztage zur Verfügung zu stellen. Gleichzeitig wollte er keine Abstriche bei den Lernzielen und dem inhaltlichen Umfang machen.

Unsere Lösung lag im Umbau der bisherigen Ausbildung zu einem Blended-Learning-Prozess, der aus vier Präsenzmodulen à zwei Tagen bestand und mit Fernmodulen zu deren Vor- und Nachbereitung flankiert war. Die Fernmodule bestanden aus Online-Trainings und Web Based Trainings, mit deren Planung und Umsetzung wir uns zum damaligen Zeitpunkt noch nicht auskannten. Zur Vorbereitung und Durchführung der Online-Trainings konnten wir auf formales Lernen zurückgreifen und an einer extern angebotenen Online-Trainer-Ausbildung teilnehmen. Zur Erstellung der Lernarchitektur und der Konzeption und Produktion der E-Learning-Module konnten wir jedoch am Markt kein zufriedenstellendes Weiterbildungsangebot finden, weshalb wir hier auf informelles Lernen angewiesen waren: Innerhalb des Teams und im Internet haben wir nach verwertbarem Wissen recherchiert und uns auf einer Fachmesse über Autorentools und Lernplattformen informiert. Auf diese Weise haben wir die Module step-by-step und in enger Abstimmung mit dem Kunden entwickelt und von ihm wertvolle Rückmeldung zur Optimierung erhalten.

Es stellte sich heraus, dass diese Blended-Learning-Anfrage einen sich veränderten Markt repräsentierte, denn Anfragen dieser Art häuften sich seitdem. Deren Bearbeitung bot uns viele Gelegenheiten zum informellen Lernen und die daraus gewonnenen Erkenntnisse konnten wir später für die Konzeption eines formalen Lernprozesses zur Qualifizierung von Trainern zu agilen Lernbegleitern verwerten.

Aufgrund dieser neuen Lernanlässe und der Vielzahl an Umsetzungsmöglichkeiten für informelles Lernen hat sich diese Lernform zu einem starken Konkurrenten des formalen Lernens entwickelt. Gleichzeitig sind wir der Ansicht, dass formales Lernen sich hierdurch zwar reduzieren, jedoch nicht völlig verschwinden wird. Denn die „Daseinsberechtigung" dieser Lernform besteht vor allem bei den Lernthemen, bei denen die Lerner wenig oder gar kein Vorwissen mitbringen, an das sie mit neuem Input anknüpfen können. Möchte ich z. B. auf informellem Wege Chinesisch lernen, fehlen mir wichtige Informationen, um zu entscheiden, womit ich idealerweise anfange und in welcher Reihenfolge ich vorgehe. Sicher lässt sich Chinesisch auch auf informellem Wege lernen, jedoch gelingt es vermutlich schneller, wenn dazu auch formale Mittel genutzt werden. Denn mit ihnen ist es möglich, zunächst einmal eine mentale Repräsentanz zu schaffen. Ist eine solche Struktur angelegt, lassen sich weitere Informationen durch informelles Lernen leichter daran anknüpfen.

Formales Lernen ist auch immer dann sinnvoll, wenn Lernziel und Lernweg bekannt sind, aus denen ein formaler Lernprozess entwickelt werden kann oder bereits existiert. Wenn z. B. klar ist, dass der Mitarbeiter zukünftig Mitarbeitergespräche führen können muss (Lernziel klar), um seine Führungsaufgabe gut zu erfüllen (Performance-Ziel klar), empfiehlt es sich, hierfür z. B. auf ein bewährtes, formales Training (Lernvorgehen klar) zurückzugreifen, in dem der Mitarbeiter die Schritte zur Vorbereitung, Durchführung und Nachbereitung eines Mitarbeitergesprächs kennenlernt, übt, individuelles Feedback und Tipps zum Umgang mit Stolpersteinen (Lern-Inhalte klar) erhält. Auf diese (formale) Weise wird er schneller lernen, worauf es ankommt, als wenn er sich auf eigene Faust die Informationen zusammensucht, auswählt und ausprobiert.

▪ Formales und informelles Lernen kombinieren

Nach der Diskussion der beiden grundsätzlich unterschiedlichen Lernformen mag die Anwendung informellen Lernens innerhalb von (formalen) Lernprozessen zunächst paradox anmuten. Bei näherer Betrachtung jedoch ist zu erkennen, dass informelle Lernformate formale Lernprozesse nicht nur sinnvoll ergänzen, sondern sogar aufwerten können. Denn Lerner haben so die Möglichkeit, über die (gesetzten) Lernziele hinaus auch eigene Lernziele innerhalb des Lernprozesses zu formulieren und zu verfolgen. Damit bietet der Lernprozess den Teilnehmern mehr Möglichkeiten zur Mitgestaltung und Fokussierung auf eigene Schwerpunkte. Solche individuellen Lernziele können sich z. B. aus besonderen Anforderungen der individuellen Praxis ergeben oder entstehen innerhalb des Lernprozesses, wenn er die Lerner dazu inspiriert, ein Thema stärker zu vertiefen, als dies innerhalb des formalen Rahmens vorgesehen ist.

Lernprozesse vernetzen Menschen miteinander, die das gemeinsame Interesse haben, sich in einem bestimmten Themengebiet weiterzuentwickeln. Es werden gruppendynamische Prozesse in Gang gesetzt, die förderlich sind, um den Weg für informelles Lernen zu ebnen – auch über den formalen Lernprozess hinaus.

Neben dem Blended-Learning-Ansatz beinhaltet auch der Workplace-Learning-Ansatz die Idee, informelles Lernen mit formalem Lernen zu kombinieren: Hier bildet informelles Lernen allerdings den Ausgangspunkt, um den herum notwendige formale Lernformate organisiert werden. Das hat häufig weitreichende Konsequenzen auf der strukturellen Ebene sowie auf der Ebene des Prozesses. Für beide Formen ergeben sich die Aufgaben für den Lernbegleiter in ähnlicher Form aus dem Lernrahmen.

6.1 Aufgaben des Lernbegleiters

Informelles Lernen stellt für manchen Trainer sicherlich eine echte Herausforderung dar, erfordert es doch ein Umdenken in seinem Selbstverständnis: Der Lernbegleiter gibt „das Heft aus der Hand" und legt den Erfolg des Lernprozesses in die Hand der Lerner. Seine Aufgabe verändert sich im informellen Lernen dahin gehend, den Lernrahmen zu organisieren, also die Bedingungen bereitzustellen, die notwendig sind, damit informelles Lernen gut funktioniert. Er selbst steht aber nicht mehr im Mittelpunkt des Geschehens. Überspitzt formuliert verhält es sich ein wenig so wie bei einer Theatervorstellung: In formalen Lernformen steht der Trainer auf der „Bühne", beim informellen Lernen ist es der Lerner.

Nachfolgend ist pauschal von „dem" Lernbegleiter die Rede. Gemeint ist damit statt einer Person eher eine Funktion, da die Aufgaben des Lernbegleiters zwar von einer Person durchgeführt werden können, aber gerade in größeren Unternehmen oftmals auf mehrere Schultern verteilen sind: Personal, Führungskräfte und (ehemalige) Trainer.

6.1.1 Performance klären

Manchmal wird die Einführung informeller Lernformate mit Aussagen wie „Da sparen wir ja jede Menge Geld, wenn wir auf teure externe Trainer verzichten können!" kommentiert. Das Argument der (möglichen) Kostenreduktion ist freilich ein schlechter Ratgeber. Denn entscheidend ist vielmehr, ob das angestrebte, informelle Lernen auch einen tatsächlichen Nutzen stiftet, es mithin eine Hilfestellung zur Lösung von Performance-Problemen bietet. Fehlt diese Relevanz, wird dieses Lernformat sehr wahrscheinlich von den Lernern nicht genutzt werden. Das spart dann letztlich keine Kosten, sondern „verbrennt" im Gegenteil oft nicht unerhebliche Summen.

Aufgabe des Lernbegleiters ist daher, eine detaillierte Klärung der Performance mit allen Stakeholdern herbeizuführen. Er fungiert hier eher als Berater, der z. B. in moderierten Workshops genau herausarbeitet, wie die Lernstrategie zur Unternehmensstrategie passt. Der Lernbegleiter kann z. B. gemeinsam mit den Mitarbeitern und Führungskräften Kompetenzprofile erstellen, aus denen hervorgeht, wem welche Kompetenzen der Erbringung seiner Performance dienen und was benötigt wird, um diese durch informelles Lernen erwerben zu können.

6.1.2 Lerner unterstützen

„Die Studienergebnisse zeigen, dass sich die Selbststeuerung von Lernprozessen bei den Mitarbeitern noch nicht etabliert hat", so lautet das ernüchternde Ergebnis der Studie „Gebrauchsanweisung für lebenslanges Lernen". Konkret heißt es dort:

> » Nur gut ein Drittel (36 %) der Mitarbeiter fragt überhaupt aktiv nach für sie geeigneten Weiterbildungsangeboten nach und die Wenigsten (18 %) machen sich tatsächlich vorab einen Plan für den eigenen Lernprozess. Dabei setzen sich lediglich 38 Prozent messbare Ziele beim Lernen und nicht einmal ein Viertel (23 %) der Befragten gibt an, ein gutes Durchhaltevermögen zu haben. Zudem evaluiert nur ein Drittel der befragten Mitarbeiter den eigenen Lernprozess und gerade einmal ein gutes Viertel (27 %) von ihnen schätzt, dass sie das neu Gelernte erfolgreich in den Arbeitsalltag transferieren können (Vodafone Stiftung 2016, S. 7).

Die wichtigste Aufgabe des Lernbegleiters ist es hier, den Lerner darin zu unterstützen, seine Selbstlernkompetenz zu steigern.

Nachfolgend ein Beispiel dafür, wie ein Prozess selbstgesteuerten Lernens aussehen kann (vgl. Konrad 2014, S. 147 f.). Der Lerner kann die Schritte für sich alleine reflektieren und umsetzen oder auf die Unterstützung durch einen Lernbegleiter zurückgreifen. Das ist gerade bei Lernern, die selbstgesteuertes Lernen nicht gewohnt sind, häufig erfolgreicher (◘ Abb. 6.2).

Die Struktur des Prozesses folgt einer ähnlichen Logik wie die der Planung von Lernformaten, jedoch mit einem entscheidenden Unterschied: Der Lerner und nicht der Personalentwickler, die Führungskräfte oder die Trainer setzen die Ziele und Inhalte. Insofern setzt selbstgesteuertes Lernen immer die Haltung voraus, dass der Lerner wirklich selbstverantwortlich seinen Lernprozess gestalten will und kann. Nachfolgend werden die vier Schritte erläutert.

▪ 1. Lernbedarf feststellen und Ziele ableiten

Der erste Schritt besteht darin, den tatsächlichen Lernbedarf festzustellen. Hilfreich ist es hier, konkrete Praxissituationen zu reflektieren. Denn es geht ja eben nicht um vorgegebene,

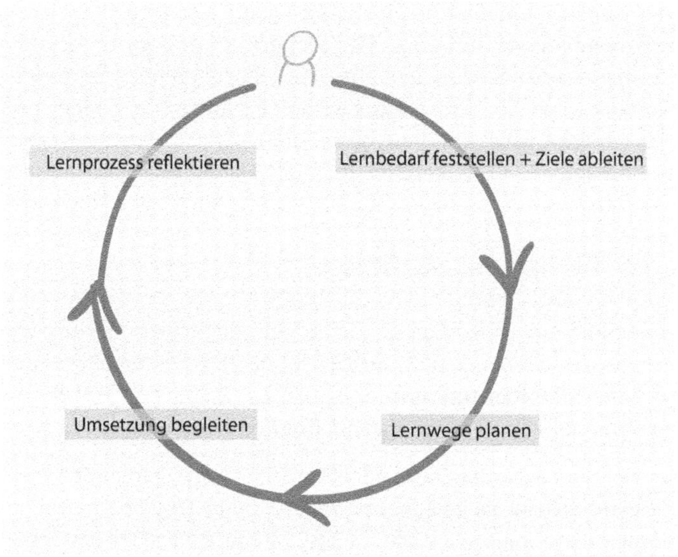

Abb. 6.2 Prozess selbstgesteuerten Lernens

abstrakte Lernziele, sondern um tatsächliche Lernanlässe, die dazu dienen, die Performance zu verbessern. Zur besseren Unterscheidung dieser Lernanlässe haben sich die „Five Moments of Learning Need" bewährt:

- New: When People are learning how to do something for the first time
- More: When people are expanding the breadth and depth of what they have learnend
- Apply: When they need to act on what they have learnend
- Solve: When problems arise, or things break or don´t work the way they were intended
- Change: When people need to learn a new way of doing something that requires them to change skills that are deeply ingrained in their performance practices (Gottfredson und Mosher 2011, S. 37 f.)

Ebenso erleichtert die Arbeit mit Kompetenzprofilen die Erhebung des Lernbedarfs. Der Lerner kann seine tatsächlichen Leistungen mit „seinem" Profil abgleichen und daraus einen entsprechenden Lernbedarf ableiten. Am Ende der Bedarfserhebung steht idealerweise die Formulierung eines Performance-Ziels, aus dem sich wiederum die Lernziele ergeben: Was muss ich lernen, um meine Performance zu verbessern? Da sich viele professionelle Lernexperten schwer damit tun, gute Ziele zu formulieren, ist dieser Schritt nach unseren Erfahrungen für den einzelnen Lerner eine noch größere

Herausforderung, bei der er zumindest anfangs häufig auf Hilfestellung angewiesen ist.

Zur Erhebung des Lernbedarfs sind Selbstbeobachtung, Selbstreflexion und Selbsteinschätzung erforderlich. Hierin kann der Lernbegleiter den Lerner durch entsprechende Coachingtechniken unterstützen.

2. Lernwege planen

Hat der Lerner für sich den Lernbedarf identifiziert, geht es im nächsten Schritt darum, den Lernweg zu planen. Fragen können hier sein:

- Welche informellen und formalen Lernformate möchte der Lerner nutzen?
- Auf welche Ressourcen und Medien möchte der Lerner zurückgreifen?
- Wie möchte der Lerner den Prozess zeitlich und organisatorisch planen?
- Wie möchte er seinen Lernfortschritt überprüfen?
- Welche Möglichkeiten zur Dokumentation gibt es?
- Welche zusätzlichen Kenntnisse und Fertigkeiten (z. B. im Umgang mit Medien) sind evtl. hilfreich?
- Wer kann den Lerner unterstützen?
- Welche Schwierigkeiten sind zu erwarten und wie kann damit umgegangen werden?

Hier ist der Lernbegleiter durchaus als Coach und Experte gefragt: Neben der organisatorischen und inhaltlichen Strukturierung des Lernprozesses kann er den Lerner zu Fragen der Lernmethodik und Mediennutzung beraten. Insbesondere im Umgang mit den – für den Lerner oft neuen – digitalen Lernformaten ergeben sich meist viele Fragen: Wo finde ich was? Wie melde ich mich an? Wie poste ich einen Beitrag? Welche bewährten Informationsquellen gibt es bereits? Hat der Lernbegleiter einen guten Überblick über die Lernaktivitäten in der Organisation, kann er auch Vernetzungen zu anderen Lernern herstellen, die an ähnlichen Themen arbeiten. Häufig geht es beim selbstgesteuerten Lernen auch um das Teilen von Wissen und Erfahrungen. Auch hier kann der Lernbegleiter unterstützen, indem er die Lerner bei der Konzeption und Produktion von „User Generated Content" berät oder dies in Teilen selbst übernimmt.

3. Umsetzung begleiten

Während der Umsetzung steht der Lernbegleiter immer wieder als Sparringspartner zur Verfügung. Er kann in kritischen Situationen versuchen zu motivieren, Feedback geben, Zwischenergebnisse reflektieren, technische und organisatorische Hürden aus dem Weg räumen etc.

- **4. Lernprozess reflektieren**

Am Ende des Lernprozesses reflektiert der Lernbegleiter mit dem Lerner den Lernprozess auf der Prozess- und Ergebnisebene:

- Was war besonders hilfreich?
- Welche Schwierigkeiten haben sich ergeben?
- Was wurde aus möglichen Fehlern gelernt?
- Was hat zum Erfolg geführt?
- Was hat der Lerner über sich und das Lernen gelernt?
- Welche neuen Fähigkeiten wurden gelernt?
- Was kann der Lerner aus den Erfahrungen für nächste Lernprozesse ableiten?

Dieser Schritt dient nicht nur der Bewertung des zurückliegenden Lernprozesses. Wichtiger ist, dass der Lerner reflektiert, wie er zukünftige Lernprozesse noch besser gestalten kann. Denn letztlich muss es das Ziel des Lernbegleiters sein, sich selbst überflüssig zu machen, damit der Lerner auch ohne seine Unterstützung auskommt.

In der Praxis existieren sicherlich auch Mischformen. Gerade die in vielen Unternehmen verbreiteten „Entwicklungsgespräche" setzen häufig auf einen Abgleich von Fremd- und Selbstbild durch Mitarbeiter und Führungskraft. In manchen Unternehmen nimmt die Führungskraft sogar die Rolle des Lernbegleiters ein.

Die größte Herausforderung bei der Begleitung selbstgesteuerter Lernprozesse liegt in der entsprechenden Haltung des Lernbegleiters. Lernbegleiter sind in erster Linie Sparringspartner und keine „getarnten" Trainer. Daher ist es bei allen vier Schritten wichtig, dass der Lernbegleiter – in welcher Rolle auch immer – den Vorrang des Lerners wahrt. Denn sonst wird das Lernen schnell zu einem „verdeckten formalen Lernprozess" und die besondere Wirkung des selbstgesteuerten Lernens tritt nicht ein. Zurückhaltung ist einer der wichtigsten „Tugenden" eines Lernbegleiters.

Der vorgestellte Prozess bezieht sich zunächst auf das selbstgesteuerte Lernen eines einzelnen Lerners. Ebenso können die vorgestellten Schritte aber auch auf das Lernen von Arbeits- oder Führungs-**Teams** angewandt werden: „Was wollen wir lernen und wie können wir den Lern-Prozess organisieren?" Ein solches Team-Lernen hat den Vorteil, dass hier die Verbindlichkeit oft wesentlich höher ist als bei individuellen Lernprozessen und dass die Lerner sich gegenseitig unterstützen können. Da das Lernen im Team immer auch ein gruppendynamischer Prozess ist, kann es Aufgabe des Lernbegleiters sein, diesen Prozess als (analoger oder digitaler) Moderator zu unterstützen.

6.1.3 Kultur entwickeln

Für die erfolgreiche Umsetzung informellen Lernens ist eine Organisationskultur erforderlich, die den Lerner in seinen Lernaktivitäten aktiv unterstützt. Die Realität ist davon aber häufig weit entfernt. Die Studie der Vodafone-Stiftung kommt auch hier zu einem ernüchternden Ergebnis: „Noch nicht einmal ein Drittel der Befragten (29 %) empfindet beispielsweise, dass bei ihrem Arbeitgeber Weiterbildung und Lernen gelebte Werte sind. In den Personalgesprächen spielt dieses Thema lediglich bei einem Viertel der befragten Mitarbeiter (26 %) eine Rolle. Als gut bzw. sehr gut wird die Lernkultur in ihrem Unternehmen nur von den Allerwenigsten (8 %) angesehen" (Vodafone Stiftung 2016, S. 6).

Vielleicht noch mehr als formales Lernen ist informelles Lernen auf eine echte Lernkultur angewiesen. Es ist offensichtlich, dass die Entwicklung einer unternehmensweiten Lernkultur von einem Lernbegleiter allein nicht geleistet werden kann. Eine Kulturentwicklung braucht immer ein breites Bündnis aller Stakeholder, wie Unternehmensführung, Führungskräfte, HR, Betriebsrat etc. Aufgabe des Lernbegleiters kann und sollte aber sein, Anstöße zu geben.

▪ Dem Lernen Bedeutung und Zeit einräumen

Einer der häufigsten Einwände, die wir bei der Einführung innovativer Lernprozesse hören, ist: „Das ist interessant und bestimmt zielführend. Aber mir fehlt dazu schlichtweg die Zeit." Lernen jedoch braucht Zeit. Daher müssen für den Lerner Freiräume gestaltet werden, in denen er sich seinen Lernaktivitäten widmen kann. Ein gutes Bespiel liefert hier die Firma Viessmann: Sie stellt den Mitarbeitern zwei Stunden „Vertrauenslernzeit" pro Woche zur Verfügung (CLC 2017, S. 16). Das löst nicht nur organisatorische Probleme, sondern ist ein deutliches Zeichen dafür, welchen Stellenwert Lernen im Unternehmen hat. Lernen ist nicht etwas, was den Mitarbeitern „auch noch" aufgebürdet wird. sondern dem Unternehmen ist das Lernen etwas wert – in der Erwartung, dass sich die Investition auch wieder „auszahlt".

Eine Reflexion darüber, welchen Stellenwert Lernen jetzt und zukünftig im Unternehmen hat bzw. haben soll, ist daher der erste Schritt hin zu einer Entwicklung der Lernkultur: Was ist eigentlich „Lernen", wie funktioniert es (nicht) und welchen Beitrag leistet Lernen für die Leistungs- und Überlebensfähigkeit des Unternehmens? Als „Lern-Botschafter" kann der Lernbegleiter hier wichtige Aufklärungsarbeit leisten. Erst wenn ein Bewusstsein und Commitment über den veränderten Stellenwert von Lernen im Unternehmen herrscht, werden Maßnahmen wie Vertrauenslernzeit nicht belächelt, sondern als wichtig für den Unternehmenserfolg erkannt.

- **Führungskräfte einbinden**

Die Anerkennung des Lernens auf Unternehmensebene muss mit der Anerkennung und Förderung der Lernaktivitäten der Mitarbeiter einhergehen. Die Führungskräfte spielen hier eine entscheidende Rolle und auch hier besteht weiterhin großer Handlungsbedarf: „Nur eine kleine Minderheit (9 %) der befragten Mitarbeiter fühlt sich von ihrem Vorgesetzten gut bis sehr gut beim Lernen unterstützt" (Vodafone Stiftung 2016, S. 6). Führungskräfte sind sich oft ihrer Rolle für Lernprozesse nicht bewusst, finden neben dem Tagesgeschäft keine Zeit oder es fehlt ihnen schlicht das Wissen, wie sie Lernen fördern können (Fandel-Meyer et al. 2015, S. 65). Im „Learning Leadership" dagegen fungiert die Führungskraft als „role model", schafft förderliche Rahmenbedingungen und wertschätzt die Lernaktivitäten. Aufgabe des Lernbegleiters ist es, den Führungskräften als Berater und Coach zur Erfüllung dieser Aufgabe zur Seite zu stehen. Gerade dann, wenn die Mitarbeiter nicht nur für sich selbst, sondern auch voneinander lernen sollen, wird die Frage wichtig, wie solche neuen Aufgaben, nämlich die Unterstützung anderer Mitarbeiter beim Lernen – in Form von individueller Unterstützung oder der Erstellung von User Generated Content –, honoriert werden. Wird dies als Teil des Aufgabenbereichs und damit als Arbeitszeit der Mitarbeiter anerkannt? Nicht unwesentlich ist in diesem Kontext auch die Frage, ob das Unternehmen eine Strategie verfolgt, die die Bereitschaft der Mitarbeiter fördert, ihr Wissen mit Kollegen zu teilen. Denn häufig ist das Gegenteil der Fall: Es scheint, als erhöhten sich die Karrierechancen derjenigen eher, die ihr Wissen für sich behalten.

- **Vertrauensvolles Klima schaffen**

Informelles Lernen erfordert außerdem ein Klima, das von Vertrauen und Fehlertoleranz geprägt ist. Denn nur dann trauen sich Mitarbeiter, einander um Unterstützung zu bitten und damit zu zeigen, dass sie etwas nicht wissen oder können. Fehlertoleranz unterstützt außerdem eine Working-Out-Loud-Praxis, denn auch das Teilen von Arbeitsergebnissen erfordert Mut. Auch die Beantwortung von Fragen wie „Ist der Anblick eines (lernenden) Mitarbeiters mit Kopfhörern akzeptiert oder legt er den Verdacht nahe, dass gerade nicht gearbeitet, sondern womöglich ‚Privat-Vergnügungen' nachgegangen wird?" oder „Unterstellt man einem Mitarbeiter, der viel Zeit damit verbringt, sein Wissen an andere Mitarbeiter weiterzugeben, zu wenig zu tun zu haben?" können Hinweise auf die aktuelle Lernkultur geben.

- **Kompetenzen entwickeln**

Zur Entwicklung einer Lernkultur gehört auch die Frage, welche Kompetenzen innerhalb der Organisation vorhanden sein müssen, damit informelles Lernen (besser) gelingt. In formalen Lernformaten interagiert der Lerner mit einem (hoffentlich) professionellen Trainer. In informellen Formaten finden die Interaktionen dagegen zwischen Menschen statt, die eher selten pädagogische Profis sind. Das ist auch nicht notwendig, hilfreich ist aber sicherlich über ein gewisses Handwerkszeug zur Durchführung informeller Lernformate zu verfügen. So spielt etwa Feedback im informellen Lernen eine große Rolle: Weiß ich aber gar nicht, wie ich wirkungsvolles Feedback geben kann oder verwechsle ich gar Feedback mit „die Meinung sagen", so kann der gut gemeinte Ansatz eines Lernens durch Feedbackschleifen schnell fehllaufen. Hier eröffnet sich ein weiteres Betätigungsfeld für den Lernbegleiter, indem er Möglichkeiten anbietet, dieses Handwerkszeug zu trainieren. Insbesondere bieten sich Angebote zur Ausbildung von kollegialen Trainern, Lern-Coachs, Moderatoren und Mentoren an.

Für Mitarbeiter spielt die Entwicklung von Trainerkompetenzen zunehmend eine Rolle, geht es doch häufig um das Teilen und Vermitteln von Erfahrungs- und Expertenwissen. Für Führungskräfte ist insbesondere die Ausbildung zum Lern-Coach relevant, damit sie Mitarbeiter in ihrem Lernprozess unterstützen können.

6.1.4 Infrastruktur gestalten

- **Lernumgebung schaffen**

Zur Gestaltung der Infrastruktur kann eine Aufgabe des Lernbegleiters darin bestehen, Umgebungen zu schaffen, in denen informelles Lernen geschehen kann. Neben der räumlichen geht es dabei auch um die technische Umgebung, für deren Gestaltung es je nach Anbieter und Lösung unterschiedliche Möglichkeiten gibt. Sie bieten den Lernern z. B. Zugang zu den verschiedenen Lernmedien, synchrone und asynchrone Lösungen des kollegialen Austauschs sowie der Produktion von User Generated Content. Lernbegleiter und IT können hier ihre Expertise zusammenbringen und geeignete Lösungen entwickeln. Für den Lernbegleiter geht es dabei um die Frage, was in didaktischer Hinsicht zur Umsetzung notwendig ist, und für die IT darum, welche der didaktischen Anforderungen wie technisch am besten umgesetzt werden kann. Auch der Austausch mit anderen Abteilungen wie dem Marketing zur Klärung von Design-Fragen kann in diesem Kontext eine Aufgabe des Lernbegleiters sein. Unter dem Stichwort „Smart Learning

Environments" (SLEs) werden in jüngster Zeit auch lernförderliche Möglichkeiten der Arbeitsplatzgestaltungen diskutiert (vgl. Freigang 2015).

Auch die Implementierung und Aufrechterhaltung eines KVPs, bei dem es darum geht, die Lernumgebungen durch das Einholen und Auswerten von Feedback immer weiter zu optimieren und an die Lernbedürfnisse des Unternehmens anzupassen, bildet einen Aufgabenbereich des Lernbegleiters. Die Erhebung des Bedarfs von (Selbst-)Lernmedien und deren Bereitstellung kann dazugehören.

- **Auswahl von kollegialen Experten**

Bei der Gestaltung der Infrastruktur spielt auch die Auswahl geeigneter Personen im Unternehmen eine Rolle. Denn informelles Lernen bedeutet auch voneinander zu lernen in Form von kollegialen Begleitungsformaten sowie User Generated Content. Antworten auf Fragen wie „Wer ist Experte in einem Thema?", aber auch: „Wer bringt die persönlichen Voraussetzungen mit, um z. B. die Rolle des Mentors ausfüllen zu können?" spielen hierbei eine Rolle. Zusätzlich zu fachlichen und personalen Voraussetzungen stellt sich bei kollegialen Begleitformaten wie dem Mentoring auch die Frage des

„Matchings" zwischen Mentor und Mentee. Damit einher geht auch die Qualifizierung von Mitarbeitern, um ihre Rolle zielführend auszufüllen (vgl. Kultur)

- **Geleitetes informelles Lernen unterstützen**

Zu einer lernförderlichen Infrastruktur kann auch das Angebot geleiteter informeller Lernformate beitragen. Der Lernbegleiter übernimmt hierfür die Rolle des Learning Community Managers und initialisiert, organisiert und moderiert sogenannte Communities of Practice. Außerdem kann er den Bedarf für geleitete informelle Lernformate erheben, passende Mitarbeiter auswählen und einladen, die Veranstaltung organisieren und moderieren.

Der Lernrahmen bietet eine formale Orientierung, um informelle Lernformate zu planen und durchzuführen. Je nach Lernformat kann die inhaltliche Ausgestaltung und Schwerpunktsetzung sehr unterschiedlich sein. Denn informelles Lernen ist nicht nur sehr vielfältig, häufig verschwimmen auch die Grenzen zwischen den einzelnen Formaten.

Literatur

CLC Corporate Learning Community. (2017). Lernen in Organisationen im Digitalen Zeitalter. ► https://de.wikibooks.org/wiki/Organisationales_Lernen_im_Digitalen_Zeitalter.

Fandel-Meyer, T. et al. (2015). Scil Trendstudie: Trends im Corporate Learning. Freiburg i. B. ▶ https://scil.unisg.ch/de/scil-vortraege-publikationen/studien.

Freigang, S. (2015). Was ist ein „Smart learning environment"? ▶ https://sirkkafreigang.com/2015/10/08/was-ist-ein-smart-learning-environment/.

Gottfredson, C., & Mosher, B. (2011). *Innovative performance support: Strategies and practices for learning in the workflow.* Madison: McGraw-Hill.

Hart, J. (2018a). 7th annual learning in the workplace survey: Results. ▶ https://modernworkplacelearning.com/7th-annual-learning-in-the-workplace-survey-results/.

Hart, J. (2018b). Top tools for learning 2018. ▶ https://www.toptools4learning.com/home/.

Konrad, K. (2014). *Lernen lernen – Allein und mit anderen.* Wiesbaden: Springer Fachmedien.

Pape, K.-H. (2016). Lernen in Netzwerken. ▶ https://khpape.wordpress.com/2016/02/05/lernen-in-netzwerken/.

Stepper, J. (2015). *Working Out Loud : For a Better Career and Life.* Ikigai Press.

Vodafone Stiftung (2016). Gebrauchsanweisung furs Lebenslanges Lernen. ▶ https://www.vodafone-stiftung.de/uploads/tx_newsjson/Vodafone_Stiftung_Gebrauchsanweisung_fuers_lebenslange_Lernen.pdf.

Change gestalten

J. Sammet, J. Wolf, *Vom Trainer zum agilen Lernbegleiter*,
https://doi.org/10.1007/978-3-662-58510-8_7

7

» Es gibt keinen Weg vom Gekochten zurück zum Rohen.

Die Learning Revolution hat die DNA betrieblichen Lernens nachhaltig verändert. Wohin diese Transformationsprozesse langfristig führen werden, kann – trotz aller Trendstudien – niemand mit Gewissheit sagen. Klar ist aber, dass sich Organisation und Rollen aller am Lernprozess Beteiligten tief greifend verändern und auch weiterhin ändern werden. Entsprechend waren wir anfänglich in unseren Vorträgen, Workshops und Trainings häufig mit Widerstand konfrontiert – in der Art: „Das funktioniert bei uns nicht und ist bei uns auch nicht nötig!". Heute ist diese teils sehr emotional aufgeladene Auseinandersetzung nachdenklicheren Tönen gewichen. Der Anteil derjenigen, die ernsthaft bezweifeln, dass sich die Lernlandschaft verändern wird, nimmt ab.

In den vorangegangenen Kapiteln haben wir beschrieben, wie diese Veränderungen in Bezug auf die einzelnen Lernformate aussehen können. In diesem abschließenden und zusammenfassenden Kapitel geht es um die Frage, wie sich die Rollen der Beteiligten verändern.

7.1 Lerner: „Vom Konsument zum Gestalter"

Die wichtigste Veränderung aufseiten des Lerners ist, dass er viel mehr Verantwortung und Gestaltungsmöglichkeiten für seinen Lernprozess gewinnt. Das hat viele Vorteile: Indem der Lerner „das Heft in die Hand nimmt" kann er viel besser bestimmen, was er wirklich zur Verbesserung seiner Arbeitspraxis benötigt. Nicht mehr der Inhalt steht im Mittelpunkt, sondern der Lerner mit seiner konkreten Problemstellung. Wahrscheinlich ist auch, dass eine größere Autonomie zu einer gesteigerten Motivation führt. Der Lerner folgt nicht irgendeinem, von anderen ausgedachten Plan, sondern wird selbst zum Architekten seines Lernprozesses.

Andererseits sind viele Lerner eine solche Art des Lernens nicht gewohnt und damit überfordert: Zwar nutzen bereits viele digitale Medien im privaten Bereich. So lernen wir auf YouTube, wie man seine Waschmaschine repariert, Aktien anlegt oder Hochzeitseinladungen gestaltet. Oder wir informieren uns auf entsprechenden Websites über Kochrezepte, Kindererziehung und Kaninchenzucht. Die groß angelegte Studie „Die Weiterbildung im Digitalen Zeitalter" schreibt hierzu: „Informelles Lernen mit digitalen Medien ist für knapp die Hälfte der Bevölkerung zum integralen Bestandteil des täglichen Lebens geworden. (…) Beliebt sind hier vor allem kurze, problem- und handlungsorientierte Wissensangebote, ganz besonders Anleitungen in den Bereichen Haushalt und Technik …" (Bertelsmann Stiftung 2018, S. 6).

Das Eine ist aber, in der Freizeit anlassbezogen solche Möglichkeiten wahrzunehmen. Etwas Anderes ist es, einen systematischen Kompetenzaufbau zu verfolgen. Hinzu kommt, dass für uns die primäre Lernerfahrung systematischen Lernens, das Lernen im klassischen „Schulzimmer" (classroom) ist. Durch Schule, Ausbildung oder Hochschule sind wir es gewohnt, dass ein anderer (Lehrer, Ausbilder, Professor) für uns plant und gestaltet. Deswegen ist zumindest eine anfängliche Unterstützung in Form des „Lernen Lernens" unverzichtbar. Auch wird es notwendig sein, dem Lerner seine veränderte Rolle immer wieder zu verdeutlichen: Er ist nicht nur Gestalter seines eigenen Lernprozesses, sondern ist auch für seine Zielerreichung letztlich selbst verantwortlich.

7.2 Führungskräfte: „Vom Bewilliger zum Entwickler"

In klassischen Lernsettings reduziert sich die Rolle der Führungskraft oft auf die des „Bewilligers": Er gibt ein Budget frei, damit die Mitarbeiter eine bestimmte Weiterbildung besuchen können. Zugegeben, vielleicht ist das etwas überzeichnet. Denn in vielen Organisationen haben Führungskräfte schon heute bereits auch die Rolle des Coaches inne. Unter den Bedingungen der Notwendigkeit des arbeitsplatznahen Lernens spitzt sich diese Aufgabe aber weiter zu: In vielen Szenarien des „New Work" und „Arbeiten 4.0." ersetzt die Führungskraft immer mehr die klassische Personalentwicklung. Führung wird auch und gerade im Kontext des Lernens immer mehr zur „Dienstleistung" („Servant Leadership"). Das erfordert allerdings eine tief greifende Veränderung des Mind-Sets. Reinhard Sprenger drückt die dadurch entstehende Herausforderung so aus: „Man muss Selbstoptimierer sein, um Führungskraft zu werden. Aber als Führungskraft ist man dann vorrangig Fremdoptimierer. Bedeutet: Das, was man braucht, um Führungskraft zu werden, ist genau das nicht, was man braucht, um Führungskraft zu sein. Eine ganz wichtige Feststellung, denn die meisten Führungskräfte bekommen diesen Paradigmenwechsel nicht hin" (Sprenger 2013). Die Implementierung neuer Lernformen muss deswegen immer mit einer entsprechenden Befähigung der Führungskräfte einhergehen, diese neue Rolle auch wirklich ausfüllen zu können – und ausfüllen zu wollen. Denn neben dem Wissen, wie sie konkret das Lernen unterstützen können, fehlt vielen Führungskräften schlicht und ergreifend die Zeit, die Aufgabe auszufüllen (vgl. Fandel-Meyer et al. 2015, S. 65). Ohne ein entsprechendes Führungs-Commitment jedoch, können hoffnungsvolle Lerninitiativen sehr schnell zum Erliegen gebracht werden.

7.3 Personalentwicklung: „Performance-Steigerung statt Happy Sheets"

Der Personalentwicklung als Schnittstelle von Management, Führungskräften, Lernern und Lernbegleitern kommt bei der Learning Revolution eine herausragende Rolle zu. Natürlich gilt vieles, was hier über den Trainer bzw. Lernbegleiter gesagt wurde, auch für die Personalentwicklung. Darüber hinaus kommen der PE aber auch weitere, übergeordnete Funktionen zu, die für die Etablierung einer neuen Lernkultur von entscheidender Bedeutung sind. Vordringliche Aufgabe der PE wird sein, eine Vision zu entwickeln, wie Lernen stärker an der tatsächlichen Performance orientiert und in den Arbeitsprozess integriert werden kann. „Lernen und Anwenden" statt „Lernen und Abspeichern" bedeutet auch für die Personalentwicklung eine Abkehr vom traditionellen, seminaristisch geprägten Weiterbildungsangebot mit Schwerpunkt „Wissensvermittlung" hin zu vielfältigen, individuellen und vernetzten Lernarrangements mit Schwerpunkt „Kompetenzentwicklung". Der Mitarbeiter soll aus unterschiedlichen Möglichkeiten und Formaten das Angebot auswählen können, dass ihm zur tatsächlichen und zeitnahen Steigerung seiner Performance dienlich ist.

Die Personalentwicklung greift damit noch stärker in den unmittelbaren Arbeitsprozess ein, als das bisher häufig der Fall ist. Das verändert auch den Fokus, an dem sich PE messen lassen muss: Nicht mehr Faktoren wie Teilnehmerzahlen oder Veranstaltungsfeedback sollten im Mittelpunkt stehen, sondern der tatsächliche Beitrag zur Wertschöpfung: „Performance-Steigerung" statt „Happy Sheets".

Eine solche Transformation kann nur gelingen, wenn innerhalb der PE die Offenheit vorhanden ist, die eigene Rolle zu überdenken und anzupassen. Das beinhaltet auch, die eigenen Kompetenzen im Hinblick auf die veränderten Herausforderungen und neuen Formate ehrlich einzuschätzen und weiter zu entwickeln. Denn eines ist klar: Macht sich die PE auf den Weg hin zu einer neuen Lernkultur, wird sie kritisch beobachtet werden. Wenn sie dann mit eigenem Beispiel vorangeht und auch eigene Lern- und Veränderungsbereitschaft zeigt, stehen die Chancen gut, als Vorbild in wahrgenommen zu werden. Das erleichtert die notwendige – und sicherlich auch umfangreiche – Überzeugungsarbeit bei den Stakeholdern.

Tipp

Empfehlungen zur Einführung von Lerninnovationen

- Ein agiles Vorgehen ist hilfreicher als eine ausgeklügelte Wasserfall-Strategie: Fangen Sie mit „Prototyping" an.
- Binden Sie möglichst früh alle Stakeholder ein. Aber hüten Sie sich vor ständigen Lenkungsausschüssen.

- Holen Sie frühzeitig das Top-Management mit ins Boot. Eine kurze Videobotschaft des CEO zur neuen Lernkultur wirkt oft wahre Wunder.
- Stellen Sie – immer und immer wieder – den Nutzen für die tatsächliche Arbeitspraxis in den Mittelpunkt.
- Fangen Sie klein an und überfordern Sie die Lerner nicht: Wer bisher v. a. im Seminarraum gelernt hat, wird sich – ohne entsprechende Unterstützung – wahrscheinlich mit einem MOOC (Massiv Open Online Course) eher schwer tun.
- Trauen Sie den Lernern aber auch gerne mehr zu, als Ihnen allzu skeptische Stimmen einreden möchten.
- Überwinden Sie Ihren Perfektionismus und gehen Sie mit Neugier, Optimismus und einem gehörigen Maß Fehlertoleranz die Sache an.

7.4 Trainer: „Vom Trainer zum agilen Lernbegleiter"

Kompetenzen: „High Tech" und „High Touch"

Es gibt leider keine belastbaren Studien darüber, warum jemand Trainer wird. Sicherlich spielt dabei eine Vielzahl an Motiven eine Rolle. In über zehnjähriger Erfahrung als Lehrtrainer ist aber ein Motiv immer wieder zu hören: „Ewas mit Menschen zu tun haben". Weniger bis gar nicht haben wir gehört, dass jemand in den Trainerjob einsteigt, um mit neuen Technologien arbeiten zu können. Pointiert formuliert: Trainer sind eher „menschenaffin", weniger „technikaffin". Die Kompetenz, mit Menschen und mit Technik „umgehen zu können", wird aber das Berufsbild des Trainers (Lernbegleiters) zukünftig wesentlich bestimmen. Wie im Kapitel „Präsenz neu denken" dargelegt, steigt die Anforderung an „High Touch" sogar. Um die geringer werdende und dadurch umso wertvollere Präsenszeit auch wirklich optimal nutzen zu können, müssen Trainer zukünftig noch „personennäher" agieren können. Für viele wird aber die eigentliche Herausforderung im „High Tech" liegen: Die Kommunikation mit dem Lerner findet immer weniger unmittelbar statt, sondern ist über entsprechende Technik vermittelt. Dazu kommt, dass viele, vielleicht über Jahre oder sogar Jahrzehnte erworbene Kompetenzen an Gewicht verlieren: Gruppendynamik, Umgang mit analogen Medien, Körpersprache etc. Neben den angesprochenen Medien- und Technikkompetenzen wird voraussichtlich ebenfalls zunehmen: (Lern-)Coaching-Kompetenzen, Planung, schriftliche Kommunikation, Stimme etc. An Bedeutung gewinnen wird aber auch vieles, was auch heute Trainer schon können (sollten): Ein tiefes

Verständnis für Organisationen und Menschen entwickeln, um Veränderungen anzustoßen.

Tipp

Tipp

Eigene Kompetenzen entwickeln

- Akzeptieren Sie die neue Situation und beenden Sie ggf. Ihre innere Abwehrhaltung: Die neuen Lernformate werden nicht mehr verschwinden.
- Überprüfen Sie Ihre eigenen Digitalkompetenzen: Wie hoch ist Ihr eigener Digitalisierungsgrad?
- Verabschieden Sie sich von Ihrem inneren Perfektionisten: Experimentieren Sie, suchen Sie sich Gleichgesinnte und probieren etwas aus.
- Gestalten Sie sich Ihren eigenen Lernprozess: Definieren Sie für sich klare Ziele und nutzen Sie die vielfältigen Möglichkeiten, die das Netz bietet.

▪▪ Rolle: Wechsel des Hauptdarstellers

Ein anderes Motiv, das immer wieder explizit oder – häufiger implizit – artikuliert wird ist: „im Mittelpunkt zu stehen". Das muss gar nicht narzisstisch gemeint sein. Wer sich in seinem Beruf bewusst der Situation aussetzt, immer wieder vor (wechselnden) Teilnehmern zu stehen und Gruppen zu steuern, braucht eine gehörige Portion an Selbstbewusstsein und Selbstüberzeugung. Die Bezeichnungen reichen hier von der „Bühnenpräsenz" über die „beeindruckende Trainerpersönlichkeit" bis hin zur – je nach Kontext auch als Kompliment gemeinte – „Rampensau". In klassischen Trainings war der Lerner oft Zuschauer, der am Ende der „Aufführung" Beifall klatscht (oder auch nicht). Der Trainer dagegen war der unumstrittene „Star" und Hauptdarsteller. Er ist nicht nur inhaltlich der Experte, sondern weiß auch (oder meint zu wissen) genau, was die Lerner „brauchen": Themen, Übungen, Pausenzeiten etc. Das kann manchmal durchaus auch Tendenzen einer „Entmündigung" des Lerners annehmen. Transaktionsanalytisch gesprochen: So mancher Trainer agiert wohl eher aus einem (fürsorglichen und/oder kritischen) „Eltern-Ich", statt aus einem „Erwachsenen-Ich".

In den neuen Lernsettings ändern sich die Rollen grundlegend: Der Lerner betritt die Bühne und steht im Rampenlicht. Der Trainer wird zum Assistenten und Begleiter – und „darf" gelegentlich auch als Nebendarsteller auftreten. Eine solche Rolle fällt so manchem „Star" nicht gerade leicht.

Dem Trainer als Experten ereilt damit im Zeitalter der Digitalisierung im gewissen Sinne das gleiche Schicksal wie so manchen Experten auf anderen Gebieten. Denn viele der durch die Digitalisierung entstehenden Herausforderungen sind derart neu und komplex, dass noch kein Trainer, keine Führungskraft oder Berater die Antworten bereits kennt und – im Falle des Trainers – anderen vermitteln kann. Gelegentlich wird diese Situation auch mit der Metapher einer „Reise zum Mars" beschrieben (Stickling 2018): Wir befinden und zwar auf dem Weg, da aber kein Mensch bereits dort gewesen ist, kann auch niemand mit Sicherheit sagen, wie wir auf den Mars gelangen und was uns dort erwartet. Wenn es ihn denn je gegeben hat, ist ein privilegierter Zugang zur Wahrheit in der VUCA-Welt seltener geworden. Vielleicht kann man hier auch von einem allgemeinen Phänomen der **„Krise des Experten"** sprechen. Manchmal ist man schon ein wenig verwundert, wenn z. B. Führungskräftetrainer, deren eigene Führungserfahrung oft schon Jahrzehnte zurück liegt und die seither „klassische" Führung trainiert haben, sich plötzlich als Experten für „agile Führung" ausgeben. Bitter aber wahr: Tendenziell wird die Digitalisierung – manchmal über Jahrzehnte erworbene – Erfahrungen und Wissensbestände entwerten.

Umso wichtiger wird es deshalb, mit agilen Lernkonzepten die Erfahrungen der Lerner aufzugreifen, zu vernetzen (und gemeinsam) weiterzuentwickeln.

Auf der anderen Seite hat ein solcher Rollenwechsel aber auch viele Vorteile. Nicht nur, dass die Aufgaben vielfältiger und abwechslungsreicher werden, es nimmt auch der „Druck" auf den Trainer/Lernbegleiter ab, da der Lerner mehr Verantwortung für seine Entwicklung übernimmt. Lernen wird zum „Lernen auf Augenhöhe".

Tipp

Tipp

Reflexionsfragen für den Rollenswitch:
- Warum bin ich Trainer geworden?
- Was fasziniert mich an diesem Beruf?
- Wie gehe ich persönlich mit Veränderungen um?
- Was werde ich verlieren?
- Was werde ich gewinnen?
- Was wird sich verstärken?
- Was wird weniger werden?
- Was wird gleich bleiben?
- Was wird sich verwandeln?
- Wer/Was kann mich auf meiner persönlichen Transformation zum agilen Lernbegleiter unterstützen?

■■ Änderung des Geschäftsmodells

Das Geschäftsmodell mit klassischen Präsenztrainings ist relativ einfach strukturiert: Anzahl der Tage = Auslastung/Umsatz, die veranstaltungsfreien Tage dienen v. a. der Vor- und Nachbereitung und während des Trainings ist man beschäftigt. Mit den neuen Lernformaten kommen weitere neue Komponenten ins Spiel: Wie kalkuliere ich ein Online-Training? Was kann ich an Lernvideos verdienen? Wie berechne ich die Betreuung von Foren etc.? Wie viele Online-Trainings schaffe ich am Tage durchzuführen?

Die Vielfalt an Lernformaten stellen den Lernbegleiter auch bei der Planung vor neue Herausforderungen: Achten Sie darauf, dass Sie Aufgaben kompakt erledigen können. Es ist mehr als ärgerlich, wenn Sie zwei Online-Trainings am Dienstag und Donnerstag planen und deswegen z. B. in dieser Woche kein zweitägiges Präsenztraining unterbringen können. Hier einige Empfehlungen für die Kalkulation von Blended Learning.

■■ Lernarchitektur

Die Erstellung einer Lernarchitektur ist eine aufwendige Beratungsleistung. Deswegen ist sie nicht – wie manchmal bei Präsenztrainings – in dem Honorar für die Durchführung enthalten, sondern sollte in jedem Fall gesondert berechnet werden. Rechnen Sie eher mehr als zu niedrige Konzeptionskosten ein. Bei komplexeren Lernvorhaben ist es immer ratsam, mit einem Workshop zu starten, in dem die grundlegenden Parameter geklärt werden.

■■ Online-Training

Für die Durchführung eines 1,5 stündigen Online-Trainings berechnen wir meist zwischen 0,3 - 0,5 Tagessatz. Manche Auftraggeber stutzen hier, geht es ja „nur“ um 1,5 Stunden. Das Honorar bezieht sich aber nicht nur auf die reine Durchführung, sondern auch auf die Vor- und Nachbereitung. Und diese ist bei Online-Trainings oft wesentlich arbeitsintensiver als bei Präsenztrainings: Einladungen verschicken, bei der Technik unterstützen, im Nachgang für Fragen zur Verfügung stehen, Aufzeichnungen konvertieren etc. Da der Trainer hier ständig im Fokus steht und die Teilnehmer sowie die Technik steuert, sind Online-Trainings oft anstrengend. Erfahrungsgemäß lassen sich deswegen an einem Tag nur gut zwei Online-Trainings durchführen.

■■ E-Learning

Bei Lernvideos und Web Based Trainings ist die Kalkulation nach Minutenpreisen üblich. Hier variieren, je nach Art des Videos, Qualität und Nutzungsrechten, die Preise erheblich und reichen von 500,- € bis 3000,- €. Für animierte Erklärvideos mit uneingeschränkten Nutzungsrechten sind 1000,- € pro Minute ein guter Anhaltswert.

■■ Praxis-Lernen

Ähnlich wie bei der Erstellung der Lernarchitektur ist die Planung informeller Lernformate zuallererst eine eigenständige Beratungsleistung und sollte entsprechend abgerechnet werden können. Für die Durchführung bzw. Betreuung empfiehlt sich die Abrechnung nach Aufwand und Stundenhonorar.

„Zeit gegen Geld" – so funktioniert hauptsächlich das traditionelle Trainingsgeschäft. Mit den neuen Formen eröffnen sich für den Lernbegleiter jetzt auch völlig neue Möglichkeiten, diese „Zeitfalle" zu umgehen. Mit der Herstellung skalierbarer Produkte wie Lernvideos oder der Durchführung von Webinaren mit einer großen Teilnehmeranzahl hat der Lernbegleiter alternative Möglichkeiten des Einkommens. Mehr noch: Diese Einkünfte können sogar ohne großen Reiseaufwand erzielt werden. Angesichts des unter Trainern nicht selten anzutreffenden „Hotel-Kollers" ein sicherlich nicht unwesentliches Argument.

Fazit

Fazit

„Vom Trainer zum agilen Lernbegleiter" – dem Trainerberuf steht eine spannende Transformation bevor. Die durch die „Learning Revolution" ausgelösten Veränderungen sind unumkehrbar. Bei genauerer Betrachtung betreffen diese Veränderungen aber ausschließlich das „Wie" des Lernens. Der Zweck, zu dem die Instrumente und Methoden eingesetzt werden, bleibt aber der gleiche: *Lernen zu ermöglichen.* Genau dieses Ziel verfolgt sowohl der „Trainer" als auch der „Lernbegleiter". Es ist ein wenig so wie beim Kochen. Ob ich nun eine Feuerstelle nutze, einen Gasherd oder die neuste Multifunktions-Küchenmaschine. Das Ziel bleibt dasselbe: (hoffentlich) schmackhafte Speisen zuzubereiten.

Unterschiedlich sind freilich die Wege. Im Gegensatz zum Lernbegleiter steht dem „klassischen" Trainer nur ein geringes Spektrum zur Verfügung. Der Lernbegleiter dagegen kann „aus dem Vollen schöpfen". Er beherrscht im Idealfall schlicht und ergreifend mehr Wege, um das Ziel – Lernen zu ermöglichen – zu erreichen. Natürlich geht das nicht ohne eigenen Kompetenzaufbau. Der Trainer wird selbst zum Lerner. Und zwar nicht nur im Sinne einer Kompetenzerweiterung – das tun gute Trainer beständig. Sondern auch im Sinne eines Aufbaus neuer Kompetenzen, die so im alten Trainerberuf nicht gebraucht wurden. Manchmal muss der Trainer hier auch schon mal „von vorne beginnen". Aber die Frage ist ja nicht, *ob* sondern *wie* die Transformation geschieht: *Gestalte ich selbst die Veränderung,* oder – wie es gerade in vielen Artikeln zur Digitalisierung heißt – *wird man irgendwann verändert.* Der

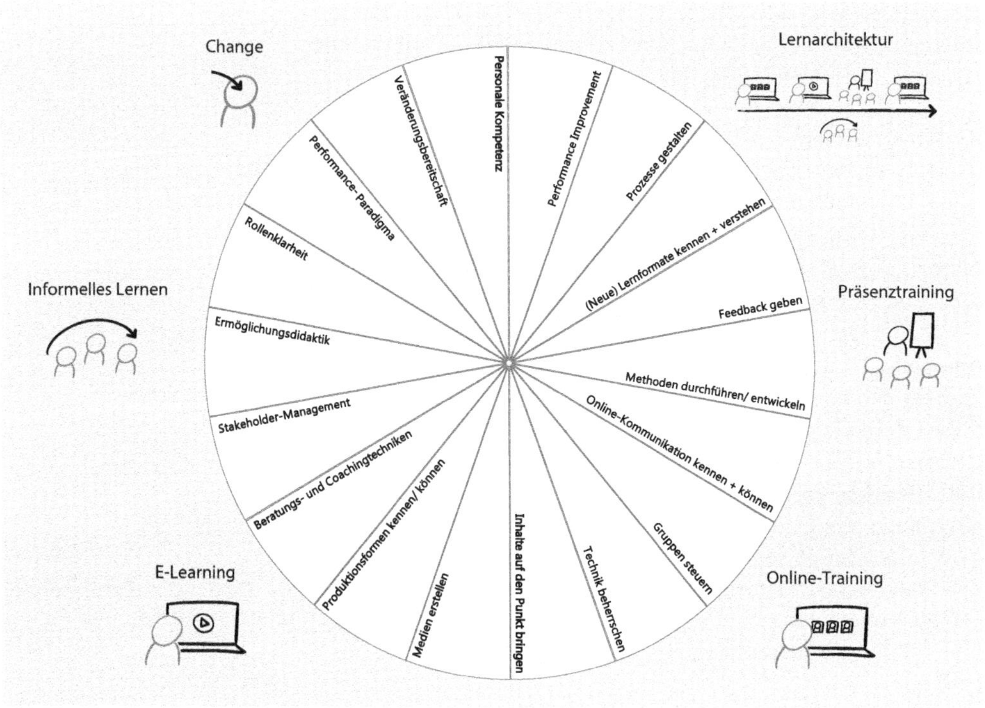

Abb. 7.1 Kompetenzen des agilen Lernbegleiters

Kompetenzradar soll deshalb eine erste Orientierung geben. Er zeigt zusammenfassend, welche Kompetenzen ein agiler Lernbegleiter idealerweise hat (Abb. 7.1).

Literatur

Bertelsmann Stiftung. (2018). (Hrsg.). Monitor Digitale Bildung. Die Weiterbildung im digitalen Zeitalter (1. Aufl., S. 72). ► https://doi.org/10.11586/2018007.

Fandel-Meyer, T. et al. (2015). Scil Trendstudie: Trends im Corporate Learning. Freiburg i. B. ► https://scil.unisg.ch/de/scil-vortraege-publikationen/studien.

Sprenger, R. (2013). Interview: Sehr gute Spieler sind selten gute Trainer geworden. ► https://www.computerwoche.de/a/sehr-gute-spieler-sind-selten-gute-trainer-geworden,2537977.

Stickling, E. (2018). Abgehoben zum Mars. ► https://www.personalwirtschaft.de/der-job-hr/artikel/nachbericht-dgfp-kongress-abgehoben-zum-mars.html.

Printed by Printforce, the Netherlands